一天一堂课，受用一辈子！

理财专家的
Financial Experts
365堂理财课

资深理财顾问
潘信达 | 著

详尽完整的投资理财大全，
教你如何用小钱致富、成为理财高手！

全面打造理财脑，你就是自己的
"理财专家"

中国青年出版社

致富之路，原来有捷径！

有个不求上进的年轻人，每天渴望着发大财。他天天向上帝祈祷，希望自己能变成富翁。上帝无法忍受他天天唠叨，终于出现在他面前。年轻人喜出望外，连忙对上帝说："我的要求并不高，只要给我一百万就可以了。"

上帝竟然爽快地回答："好吧，一百万对我来说就好像一块钱，我只要一分钟就能满足你的愿望。"年轻人喜出望外。

"但是，"上帝补充道，"我的一分钟，对你而言是一百年。"

年轻人很失望："这岂不是说，我要等到一百多岁才能见到那一百万？"

上帝又说："这也不一定。按照你目前的生活方式，你可能活不到五十岁。你现在唯一能做的，就是把握每一分钟来创造财富，并设法让财富增值。这样不到五十岁，你就能拥有一百万。"说完，上帝就消失了，只留下怅然若失的年轻人。

现实生活中的确有很多做白日梦的人，渴望轻松发大财、等着大饼从天而降。其实，致富并非毫无捷径，只要能运用智慧并敢于坚持，你将发现，上帝留了一扇窗给你。这扇窗，就是"理财"。

理财之道，其实很简单！

理财的范围很广，除了投资和赚钱，还包括对个人或家庭财产的经营、对金融投资工具的巧妙运用等。广义来说，理财可以分为"赚钱""用钱""省钱""存钱""护钱"和"借钱"等方面。

"赚钱"指的是个人或家庭收入。从理财层面看，还要能"以钱赚钱"，将薪资、奖金、自营事业所得等资金以一定的方式妥善管理，获得利息、房租、股利等收入。"用钱"，就是个人或家庭支出，以及投资与信贷等资金运用。对"用钱"进行管理，适度缩减支出，有助于累积财富。"省钱"则是以节俭的态度来积累财富，收入高者和收入低者，分别有不同的省钱方式。妥善"存钱"，依能力进行投资、置产，可以让钱生钱、利滚利。拥有足够的积蓄，才能做出理想的生涯规划。

接下来，"护钱"是一门大学问，重点在于"风险管理"，包含人寿保险、产物保险、信托等形式，目的是让已有的财产和物品得到保护。若有损失，可透过不同的方式得到补偿。至于理财中的"借钱"，目的是要周转资金。不是借钱来"花"，而是为了妥善"投资"，拓宽我们的财富之路。

《理财专家的365堂理财课》针对以上各方面，让读者奠定最扎实的理财观念、培养最正确的理财态度。每天阅读一个故事，就如同上了一堂实用的理财课。不久之后，你就是自己最好的"理财专家"。

潘信达

Financial Experts

一天一堂课,受用一辈子!
· MEMO 理财专家随身笔记 ·

Yes! You are the ONE!
你就是自己的理财专家

一月 January 理财专家的财富观念

Lesson1	收入低也要理财	002
Lesson2	千万别说无财可理	003
Lesson3	有梦想，就要努力去实现	004
Lesson4	理财三部曲	005
Lesson5	思想决定财富	006
Lesson6	借鸡生蛋	007
Lesson7	价值观的差别	008
Lesson8	无价的一块钱	010
Lesson9	从小培养理财观	011
Lesson10	钱是赚来的	012
Lesson11	打破陈规	013
Lesson12	将没用的东西挪到需要的地方	014
Lesson13	转变财富观念	015
Lesson14	不要只看眼前	016
Lesson15	换一个思路	017
Lesson16	豪华游轮	018
Lesson17	知足常乐未必可取	019
Lesson18	财务规划要全面	020
Lesson19	金钱和友谊	021
Lesson20	重视微利	022
Lesson21	不同的理财观	023
Lesson22	小资女孩的理财计划	024
Lesson23	理财大师的智慧	025
Lesson24	只借一美元	026

二月 February 理财专家的赚钱方法

- Lesson1 一切都是商品 …… 030
- Lesson2 顺应市场潮流 …… 031
- Lesson3 用才华经营财富 …… 032
- Lesson4 适时改变自己 …… 033
- Lesson5 一块钱致富 …… 034
- Lesson6 办法是人想出来的 …… 035
- Lesson7 炼金术的秘密 …… 037
- Lesson8 与众不同的旅馆 …… 038
- Lesson9 因人因地制宜 …… 039
- Lesson10 充分利用资源 …… 040
- Lesson11 抢占先机 …… 041
- Lesson12 用创意占领市场 …… 042
- Lesson13 巧借东风 …… 043
- Lesson14 你想赚钱吗？…… 044
- Lesson15 变废为宝 …… 046
- Lesson16 不凡的商业传奇 …… 047
- Lesson17 及时创业 …… 049
- Lesson18 别出心裁赚大钱 …… 050
- Lesson19 学会利用他人的优势 …… 051
- Lesson20 有亮点就有市场 …… 053
- Lesson21 愈简单的模式愈能赚钱 …… 054
- Lesson22 慧眼识财富 …… 056
- Lesson23 发财之路处处有 …… 057
- Lesson24 创意无价 …… 058

三月 March 理财专家的用钱态度

- Lesson1 理论与实践 …… 060
- Lesson2 不要花掉明天的钱 …… 061
- Lesson3 避免过度消费 …… 062

Lesson4	比大腿粗十倍的裤子	063
Lesson5	想要和必要	064
Lesson6	福特的慷慨与吝啬	065
Lesson7	旅游消费要谨慎	067
Lesson8	比尔·盖茨的用钱观	068
Lesson9	节俭也能成大事	069
Lesson10	以旧换新	070
Lesson11	培养正确的金钱观	071
Lesson12	吝啬家月报	072
Lesson13	勤俭是财富的基础	073
Lesson14	钱要花在刀刃上	074
Lesson15	就是不要浪费	075
Lesson16	避免浪费习惯	076
Lesson17	不要见异思迁	077
Lesson18	要俭更要勤	078
Lesson19	投资与消费	079
Lesson20	不做守财奴	080

四月 April 理财专家的存钱之道

Lesson1	盛开的荷花	082
Lesson2	每天存一块钱	083
Lesson3	做好准备才安心	085
Lesson4	老本动不得	086
Lesson5	储蓄是理财的第一步	087
Lesson6	留好家底	088
Lesson7	九一储蓄法则	090
Lesson8	哈佛的储蓄课	091
Lesson9	钱小作用大	092
Lesson10	储蓄的目的	093
Lesson11	从无到有	095
Lesson12	起步资金	096

Lesson13	第一桶金	097
Lesson14	最简单的存钱工具	098
Lesson15	储蓄的力量	099
Lesson16	贵在坚持	100
Lesson17	不要花光	101
Lesson18	储蓄不等于吝啬	102
Lesson19	一元储蓄	103
Lesson20	积谷防饥	104

五月 May 理财专家的投资技巧

Lesson1	做好全面准备	106
Lesson2	浪费小钱，损失大财	107
Lesson3	创业的资本	108
Lesson4	抓住空白点	109
Lesson5	小哨子赚大钱	110
Lesson6	创造赚钱的市场	111
Lesson7	无须事事听专家	112
Lesson8	高瞻远瞩	113
Lesson9	一成不变陷困局	115
Lesson10	先人一步	116
Lesson11	黄金投资	117
Lesson12	要有投资意识	118
Lesson13	增值离不开投资	120
Lesson14	找到适合自己的投资方式	121
Lesson15	投资自己熟悉的领域	122
Lesson16	高收益的理财方式	123
Lesson17	多想几步	124
Lesson18	债券之王	125
Lesson19	投资不同，收益不同	126
Lesson20	与人合伙须谨慎	127
Lesson21	让财富源源不断	128

Lesson22	理性投资	129
Lesson23	房产投资不要随波逐流	130
Lesson24	眼光独到，机遇多多	131
Lesson25	拓展财富途径	132

六月 June 理财专家要洞察商机

Lesson1	机遇需要抢占	134
Lesson2	将灵感付诸行动	135
Lesson3	发现空白市场，占领商机	136
Lesson4	困境之中不乏机遇	137
Lesson5	做别人不想做的事	138
Lesson6	眼光要超前	139
Lesson7	不要放过任何商机	140
Lesson8	孤注一掷	141
Lesson9	观察得来的机遇	142
Lesson10	让你耳根清净	143
Lesson11	巧用人脉	144
Lesson12	巧妙连结	145
Lesson13	不要小看众所周知的消息	146
Lesson14	抢先购买	147
Lesson15	小草带来的商机	148
Lesson16	身边的商机	149
Lesson17	卖一份祝福	150
Lesson18	保持敏锐	151
Lesson19	满地都是钞票	152

七月 July 理财专家要未雨绸缪

Lesson1	防患于未然	154
Lesson2	居安思危	155
Lesson3	意外基金	156

Lesson4	为未来定契约	157
Lesson5	信托投资	158
Lesson6	一家的定心丸	159
Lesson7	避免财产贬值	160
Lesson8	人无远虑必有近忧	161
Lesson9	为将来铺路	162
Lesson10	规避风险的有效方法	163
Lesson11	幸福生活需要保障	164
Lesson12	有安全才有爱	165
Lesson13	小投资大收益	166
Lesson14	国王的失业保险	167
Lesson15	转嫁风险	168
Lesson16	储蓄与投保	169

八月 August 理财专家的股票投资

Lesson1	静心倾听	172
Lesson2	鸡尾酒会理论	173
Lesson3	别太依赖经验	174
Lesson4	切忌盲目跟风	175
Lesson5	最简单的操作法	176
Lesson6	金融奇才	177
Lesson7	不要将所有资产投入股市	179
Lesson8	谨慎入市	180
Lesson9	及时退出	181
Lesson10	逆向思维	182
Lesson11	不计得失	184
Lesson12	看清牌再出手	185
Lesson13	后悔理论	186
Lesson14	别轻信传言	187
Lesson15	声东击西	188
Lesson16	试过才知深浅	189

Lesson17	宁可少赚，不要摔跤	190
Lesson18	无心插柳柳成荫	191
Lesson19	抓住机会	192
Lesson20	追涨杀跌	193

九月 September 理财专家的风险管理

Lesson1	存款也有风险	196
Lesson2	任何投资都有风险	197
Lesson3	避免一次投入	198
Lesson4	贪心的后果	199
Lesson5	充分评估风险，冷静面对亏损	200
Lesson6	认清投资环境	201
Lesson7	鸡蛋不要放在同一个篮子里	202
Lesson8	隔行如隔山	203
Lesson9	孤注一掷不可取	204
Lesson10	见好就收	205
Lesson11	把现款放在银行保险柜	206
Lesson12	目光放长远	207
Lesson13	重视银行的力量	208
Lesson14	愈熟悉，风险愈小	209
Lesson15	切忌盲目	210
Lesson16	理性看待市场	211
Lesson17	权衡风险与利益	212
Lesson18	投机不等于投资	213
Lesson19	艺术品投资	215
Lesson20	客观看待借贷	216
Lesson21	过度关注，适得其反	217

十月 October 理财专家的理财习惯

- Lesson1 家庭理财方案 …………………………………… 220
- Lesson2 开创投资管道 …………………………………… 221
- Lesson3 培养理财好习惯 ………………………………… 222
- Lesson4 理财是一种生活方式 …………………………… 223
- Lesson5 坚持记账 ………………………………………… 224
- Lesson6 强迫自己存钱 …………………………………… 225
- Lesson7 摆脱穷忙生活 …………………………………… 226
- Lesson8 摆脱"月光" …………………………………… 227
- Lesson9 合理评估，妥善规划 …………………………… 228
- Lesson10 理财能力比赚钱能力更重要 …………………… 229
- Lesson11 培养孩子的金钱观 ……………………………… 231
- Lesson12 从学生时代开始理财 …………………………… 232
- Lesson13 追求财富的动力 ………………………………… 233
- Lesson14 债务漩涡 ………………………………………… 234
- Lesson15 理性安排资金 …………………………………… 235
- Lesson16 持续投资 ………………………………………… 236
- Lesson17 有效理财 ………………………………………… 238

十一月 November 理财专家的致富秘诀

- Lesson1 心态决定财富 …………………………………… 240
- Lesson2 投资的胆识 ……………………………………… 241
- Lesson3 意外之财 ………………………………………… 242
- Lesson4 不要满足于眼前小成就 ………………………… 243
- Lesson5 赌博不能致富 …………………………………… 244
- Lesson6 毅力决定财富 …………………………………… 245
- Lesson7 谨慎理财 ………………………………………… 246
- Lesson8 不可轻视小钱 …………………………………… 247
- Lesson9 切忌跟风 ………………………………………… 248
- Lesson10 真正的损失 ……………………………………… 249

Lesson11	不劳而获，不能长久	250
Lesson12	造福他人	251
Lesson13	好的生活品质	252
Lesson14	遗忘的经验	253
Lesson15	切莫投机	254
Lesson16	没有最完美	255
Lesson17	先付出，再收获	256
Lesson18	股票大王的进取精神	257

十二月 December 理财专家以诚信为本

Lesson1	勤能补"财"	260
Lesson2	赌王不赌	261
Lesson3	用热情招揽财富	262
Lesson4	真心换真金	263
Lesson5	赢得别人的信任	265
Lesson6	做事先做人	267
Lesson7	我为人人，人人为我	268
Lesson8	树木要有根，生意要有信	269
Lesson9	善良的回馈	270
Lesson10	生意的第一要诀	271
Lesson11	不义之财不宜取	272
Lesson12	最宝贵的资源	273
Lesson13	贪心的小偷	274
Lesson14	信誉无价	275
Lesson15	独立创造财富	276
Lesson16	坦诚的力量	277
Lesson17	放下虚荣心	278
Lesson18	建立良好的信誉	279
Lesson19	互信与互利	280

Financial Experts

一天一堂课，受用一辈子！
·MEMO理财专家随身笔记·

Yes! You are the ONE!
你就是自己的理财专家

一月 January
理财专家的财富观念

有些人可能认为:"我没有钱,就没办法理财。"其实,你不理财,财也不会理你。理财是一种生活方式,与财富的多少并无直接关系。大钱理财利更大,小钱理财财更多,想要成为有钱人,必须首先具备有钱人的生活态度。

Financial Experts

Lesson 1 收入低也要理财

Financial Experts

乡下有一家人，在夫妻俩陆续失业后，家庭收入开始变得不稳定。

在朋友的介绍下，丈夫到市区一家运输公司从事物流行业，每月薪资是两万五千元。他仔细分配自己的开销，每月伙食、房租和生活费是一万七千元，剩余的八千元全部汇给妻子。妻子每日在家中照顾念书的儿子，她的三餐开销也相当节省，早上做好早餐和午餐便去钓鱼。他们一日三餐的主食都是鱼，两人还能从八千元中存下四千元。

后来，儿子受不了每天吃鱼，再加上他要考高中，每晚都熬夜念书，需要均衡的饮食。夫妻商量之后，丈夫决定搬回家里，在附近的工厂担任作业员，每月薪资是一万五千元，而妻子为人做衣服加工，每月也有一万元的收入。

他们一家人的生活日渐稳定，妻子便开始把精力放在日常饮食和衣着方面。首先，在饮食调整上，她开始重视三餐的均衡营养，食材的购买也相当精打细算。她通常都是下午外出买菜，因为下午菜价较便宜。至于衣物添购，夏天时，她通常只为父子俩购买两三套便宜的上衣和短裤，自己也是在市场购买便宜的衣物。到了冬天，她便自己织毛衣和外套。除此之外，家里的水、电、煤气等费用也尽量减至最低，每月可以存款五千元。

不久后，儿子考上高中需要住校，家庭开支也增加了。夫妻俩更加省吃俭用，儿子也努力念书，每学期都获得奖学金。这家人虽然收入不高，但一直拥有"理财意识"，所以几乎不用为钱发愁。

理财专家的理财秘笈

很多人认为：穷人不需要理财、穷人的生活难有余钱。实际上，低收入者更需要妥善理财，重点在于"合理分配支出"以及"保持节俭"。故事中的小家庭就是因为善于理财，懂得仔细分配开销，才能在低收入的情况下，维持平衡的开支。

Lesson 2 千万别说无财可理

Financial Experts

林妈妈虽然家境贫寒，但坚信只要自己能工作赚钱，就一定有财可理。正因为家境贫寒，她更加重视理财。

林妈妈每个月会从不多的家庭收入中抽出百分之三十当作固定储蓄。为了保障储蓄不会受到突发事件影响，她对每笔支出都精打细算，每分钱都要花在刀口上。虽然面临中年失业，但十几年来的坚持，让她保有二十万元的存款。

失业后，林妈妈为了节省女儿的服装开销，从亲戚的服装店中购买了一些便宜的衣服，自己再动手加工、改造。只花了不到百元，心灵手巧的她就让女儿多了四五件漂亮的新衣。邻居看到她女儿的漂亮衣服，纷纷来找她帮忙，为自己的孩子制作衣服。后来，愈来愈多人请她制作衣服，她也因此有了固定收入。眼看上门的客人日渐增多，她决定自己创业，设计各式各样的创意童装。

虽然手中有二十万元存款，但根据多年经验，她知道理财致富的基本观念是保证资金安全，在尚未确保自己投资的每分钱都能妥善运用时，绝不轻易投入。

为了避免动用存款，她决定充分利用现有资源并降低成本。首先，她向布料厂商购买剩余的零碎布料，制成各种款式独特的童装，造型别致之外，也相当耐洗、耐穿，深受妈妈们喜爱。她把童装放在亲戚的服装店寄售，节省了开店的支出。几个月后，她发现衣服销量稳定，才拿出积蓄、租了一间小店面，开始自己当老板，并且拥有不错的业绩。

理财专家的理财秘笈

千万别再说自己"无财可理"。只要手中有钱，不管是大钱还是小钱，每分钱都要花在刀口上。除此之外，一定要养成储蓄习惯，一点一滴累积小钱，穷人也能变富人。

Lesson 3　有梦想，就要努力去实现

Financial Experts

一九六八年，罗伯·舒乐博士想用玻璃在加州建造一座水晶大教堂。他把自己这一梦想告诉著名的设计师菲力普·强生，并说："我要建造一座人间伊甸园。"

强生很认同他的梦想，但也知道实现梦想的关键是要解决资金问题，便问他修建大教堂的预算是多少。舒乐直截了当地回道："我现在身无分文，不管预算是一百万美元，还是四百万美元，对我来说都没有差别。不过，只要这座教堂拥有足够魅力，便可以吸引人们捐款。"

预算最终被定为七百万美元。对舒乐来说，这简直是天文数字。但他坚持，有了梦想，就要努力去实现。舒乐拿出一张白纸，开始计划七百万美元的筹资，他将筹资计划细分为一万次，每次七百美元。

接着，舒乐开始努力寻找捐款人。两个月后，舒乐用精美的水晶大教堂模型成功获得第一笔一百万美元的捐款。四个月后，舒乐用完美的演唱打动了一对夫妇，获得第二笔一千美元的捐款。七个月后，一位陌生人被舒乐为梦想而努力的精神所感动，寄给舒乐一张一百万美元的银行支票。一年后，一名捐款者对舒乐说："如果你能用诚意和努力筹得六百万美元，那么我会捐出剩下的一百万美元。"

第二年，舒乐开始销售水晶大教堂的窗户，以每扇五百美元的价格请求美国人认购。人们在认购窗户时，可以采用分期付款的方法，每月支付五十美元，分十个月付清。不到半年，一万多扇窗户就销售一空。

十二年后，这座能容纳一万多人的水晶大教堂终于完工，成为世界建筑史上的奇迹。

理财专家的理财秘笈

当你的梦想需要大笔金钱做后盾时，千万不要退缩。一点一滴的行动，可以做成大事；一点点小钱慢慢累积，终能创造奇迹。

Lesson 4 理财三部曲

Financial Experts

黄子光是个工程师，拥有令人称羡的高薪，却因为缺乏理财观念，花钱没有规划，成了名副其实的"月光族"。后来，他娶了一个理财高手当太太。

新婚不久，太太便对黄子光讲述了三点理财观念，简称"理财三部曲"。

首先是规划。她要求黄子光对每月、每季，甚至是每年的开销做出预算规划，根据预算来支配每项开支，避免无节制的消费。她还要求黄子光养成记账的习惯，并实际比对预算和账本，检视自己是否多了不必要的开支。一个月下来，他的开销真的省下不少。

其次是储蓄。太太总是叮咛他要学会存钱，要求他将每月薪水的百分之三十存起来。拥有投资的本钱，才能加速资产累积。一年下来，他们夫妻俩便有了五百万元的存款。

最后是投资。虽然他们有了积蓄，但她并不满足。她时常对先生说，同样是五百万，存在银行和拿来投资，收益大不相同。于是，他们拿出二十万元投资股票，因前期工作准备充分，且时机把握准确，他们在五天内就赚了两万元。后来，股市出现低迷，他们果断抽身，转而投资开放式基金。

受到妻子的影响，黄子光不但学会规划钱财开支，还学会了投资，他们的财富愈来愈多，生活也更加多姿多彩。

理财专家的理财秘笈

只会赚钱，却毫无理财观念的人，是无法把握财富命脉的。每个人都应该学会理财，并规划自己的财富，选择最适合自己的理财方式。

Lesson 5 思想决定财富

Financial Experts

王洪怀在成名之前以捡破烂为生，很多人都认为他一辈子只能是个穷人，但他本人却不这么想。

有一天，王洪怀正在拾荒，突然有了这个念头："一个易拉罐只能卖几分钱，如果我把它熔成金属材料，然后再拿去卖，卖价是否能提高？"想到这里，他立即开始行动。他先拿一个空易拉罐进行试验，将剪碎的空罐装进一个小盒中，熔出一块银灰色的金属。看着这块指甲大小的金属，他决定先进行化验。于是，他花了六百元，得知这块金属是十分贵重的铝镁合金。

在当时，铝镁合金的市场价是每吨一万四千至一万八千元，易拉罐的重量是每个十八点五克，五万四千个便有一吨重。王洪怀进行了这番计算后，发现将易拉罐熔化成金属材料，能多赚六七倍的价钱。于是，他决定大量收集易拉罐，再进行熔炼。

除了自己收集，王洪怀也提高回收价格来增加收集量，并在卡片上印制回收和指定的收购地点，把它们分发给其他捡破烂的人，让他们帮自己收集。一个星期后，王洪怀到指定收购点察看，发现满满一卡车全是易拉罐，足有两吨半重。

接着，他创办了金属再生加工厂，将这些易拉罐进行熔化和再加工。一年后，加工厂炼制出两百四十吨铝锭，净赚两百七十万元。

那些向王洪怀提供易拉罐的拾荒者，现在依旧过着捡破烂的生活，而王洪怀却已成为一名百万富翁。

理财专家的理财秘笈

王洪怀的理财之路完全证实了"思想决定财富"这句话。他善于思考、敢于想象。透过巧妙的财富翻转，为自己带来意想不到的收获。

Lesson 6　借鸡生蛋

Financial Experts

　　图德拉是一名奥地利工程师，在无权无钱的情况下竟成功做起石油生意，原因就在于他深谙"借鸡生蛋"之道。

　　图德拉知道阿根廷的牛肉供过于求，但石油制品却相当匮乏，迫切需要丁烷。于是，他和阿根廷的相关贸易公司展开谈判："我要向你们购买两千万美元的牛肉，但相应的，你们要从我这里订购两千万美元的丁烷。"阿根廷这方同意了。

　　然后，图德拉又赶赴西班牙，因为他得知这里有一家造船厂正为无人订货而发愁，可以利用这一点，让油轮商为自己代购那份牛肉订单："我愿意从你们厂里订购一艘价值两千万美元的油轮，但前提是你们必须向我订购两千万美元的阿根廷牛肉。"对方也欣然答应。

　　最后，图德拉来到中东地区，开始找石油公司谈条件："我愿意从你这里购入两千万美元的丁烷，唯一的条件就是你们运送石油时要租用我的油轮。"

　　石油公司听到这个交易，知道是一笔大生意，便相当乐意。因为中东地区盛产石油，石油卖价很低，但是运输费用却十分昂贵，而且很难找到运输工具。

　　就这样，图德拉没有花任何开销，便取得巨大利润，成了获利最大的一方。

理财专家的理财秘笈

图德拉运用商人的智慧和"有钱人"的思维，成就了一笔大生意。"借鸡生蛋"是最容易赚取财富的手段之一，也就是巧妙运用他人的金钱来为自己创造财富。

Lesson 7 价值观的差别

Financial Experts

寺院中，住着一老一少两个和尚。有一天，老和尚对小和尚说："你拿着石头到集市上去卖，不管别人给多少钱，你都不能把它卖掉。"

小和尚虽感到不解，还是来到集市上。他站了一天，却不见一个人来买石头。当他准备失望而归时，一名妇女走到他面前问道："你这块石头挺别致的，可以用来镇纸。五文钱你卖吗？"

小和尚想起师父的话，答道："不卖！"妇女又问："我再加一文钱，你卖不卖？"小和尚仍旧摇头。

回到山上，小和尚将妇女买石头的事告诉老和尚。老和尚笑着问道："你明白我让你卖石头的用意了吗？"小和尚疑惑地摇头。老和尚说："那你继续去卖石头吧！直到你明白为止。"

第二天，小和尚又拿着石头来到集市上，这次很快就有顾客上门。这个人是杂货店老板，他仔细研究一番后说："这不是普通的石头，而是一块化石，我给你一千两，你卖不卖？"一听这块普通的小石头竟然值一千两，小和尚既惊又怕，一把夺回石头说："不卖！"

回到寺院后，小和尚高兴地告诉师父，说今天石头的价格是一千两，老和尚只是微笑着问他："现在你明白了吗？"小和尚仍旧一头雾水。

第三天，小和尚按照师父的话，来到一家珠宝店。珠宝店老板看到小和尚手中的石头后，诧异地说："这是一块宝玉，我现在的全部家当是三家珠宝店、两家当铺、一些田产，我用这些来买你的石头，你卖吗？"

这一次，小和尚吓得直接跪倒在地，他大喊"不卖！"并抱着石头跑回寺院。

小和尚对师父说，这是一块价值连城的宝玉，并抱怨师父不该让自己随意带着它下山。老和尚仍旧笑着问："今天，你明白我的用意了吗？"

小和尚还是摇摇头。于是，老和尚对他解释："这块石头，第一天只能卖到六文钱，因为在那位妇女看来，它的价值就是用来镇纸；第二天能卖到一千两，因为杂货店老板知道它是一块化石；第三天又变成价值连城的宝玉，因为珠宝店老板看到了隐藏在表面下的真正价值。连一块石头都有这么大的财富差值，那么人生的价值又是如何呢？"

理财专家的理财秘笈

无论是价值观还是财富观，每个人的看法都有差别。对于自己在意的东西，我们必定愿意付出更高的代价。理财也是一样，要将财富花在对自己真正有价值的事物上。

Lesson 8 无价的一块钱

Financial Experts

从前,一位父亲有两个儿子,儿子长大后,都说要出去闯荡一番。父亲见两个儿子都这么有雄心,非常高兴。

在出远门前,父亲给了两个儿子一人一块钱,说要用这一块钱来历练他们,希望他们能做出一件有价值的事情。

两个儿子拿到钱后,开始思索父亲所说的"有价值的事"。苦思冥想后,大儿子发现一块钱根本做不了任何有意义的事情,便把它用来搭乘巴士。小儿子却不这么想,他认为一块钱可以买很多东西,关键在于如何运用。于是,他利用这一块钱在地摊上购买了一小包向日葵种子,并将其种植在地里。

小儿子每天精心地照顾、灌溉这些向日葵种子,希望有一天它们能为自己带来财富。终于,在小儿子的悉心照料下,向日葵种子逐渐长成小苗。到了秋天收获的时候,这些小苗已经变成结满葵花子的向日葵。之后,小儿子又将它们加工、提炼,制作成瓜子和葵花油等商品,开始了赚钱的生涯。

就这样,小儿子从一块钱做起,最终成为一个成功的商人。每当有人问起他的赚钱之道,他的回答都是:"我的财富来自于无价的一块钱。"

理财专家的理财秘笈

在穷人的理财观念里,一块钱是可有可无的;在富人的理财观念里,一块钱同样是无价之宝,因为小钱可以变大钱。至于小钱如何变成大钱,就要看用的人如何思考和变通。

Lesson 9 从小培养理财观

Financial Experts

杰尼斯是个贪玩、爱花钱的小男孩，根本不知道何谓理财。但他有个严厉的妈妈，十分注重孩子的理财能力。

当杰尼斯安于现状、不思进取时，妈妈会向他灌输"不坚持到底便只能等死"的观念；当杰尼斯做事只有"三分钟热度"时，妈妈会对他说："你必须静下心来做好每件事。"当杰尼斯想大把花钱时，妈妈便会训诫他："你要记住，把手中的钱全部花光的人是笨蛋，只有想着如何赚钱的人才是天才。"

后来，杰尼斯在一家石油公司担任职员。他始终谨记妈妈的教诲，不愿一辈子担任职员，便拿出加倍的激情，积极投身于工作中。很快的，他获得公司的晋升。但杰尼斯并没有安于现状，而是想自己投资建厂，开创属于自己的事业。

他辞去工作，并前往德州西部，开始投资石油事业。他拿出所有积蓄，买了一辆客货两用车。白天，他在车厢里办公；晚上，他在车厢里睡觉。天亮之前，他便开着车到处洽谈业务，不停地忙碌着。虽然日子十分艰辛，但他甘之如饴。

终于，杰尼斯的付出得到了回报。他的公司因成本低、周转快，办事迅速牢靠，很多大公司纷纷找他合作。一年下来，他净赚了一万多美元，远高于他在石油公司时一年的薪资。

慢慢地，他的公司规模愈来愈大，事业愈做愈好。他又加大投资，争取上市集资，不断扩大财路，赚取巨额财富。后来，杰尼斯成为身价超过一千万的大富翁。

理财专家的理财秘笈

理财是一种生活方式，更是一种生活能力。任何人手中现有的财产都不是一辈子的保障，因为钱总有用完的一天。拥有良好的理财观，才是真正的保障。

Lesson 10 钱是赚来的

Financial Experts

卡恩一直自诩为理财高手，他认为理财就是不断地存钱。

有一天，卡恩站在一家百货公司门口，看着里面各式各样的商品，心想："我若再多省点钱，就能买下一家规模比这小一点的百货公司。"突然，他发现身边站着一位绅士，这位绅士手中拿着一支大雪茄。卡恩闻着烟味，问道："先生，您的雪茄烟味淡雅，应该相当昂贵吧？"

"嗯，是两美元一支的雪茄。"

卡恩说："确实挺贵的，那您一天能抽几支啊？"

"大概是十支，有时还会更多些。"

卡恩在心中计算，发现这个人一天光是买香烟就要花二十多美元，真是不懂得存钱。又问："那您抽烟多久了呢？一直都是抽这个牌子吗？"

"有四十多年了，一直都是雪茄。"

卡恩有些激动地说："先生，您真不会存钱。细算一下，这么多年来，您要是把抽烟的钱省下来，足够买下这家百货公司了。"

这位绅士开始对卡恩的话感兴趣："这么说来，你平时也抽烟？"

"我才不抽烟呢！抽烟会多一项开销，不符合我的存钱之道。"

绅士又问："那依你之见，这样的存钱法，便能累积更多财富吗？"

"那当然！"

"那么请问，你现在存的钱足够买下这家百货公司吗？"

"远远不够。"卡恩相当苦闷地答道。

"呵呵，老实告诉你，这家百货公司就是我的。但我不是靠存钱得来的，而是透过钱生钱赚来的！"绅士笑着说。

理财专家的理财秘笈

在某些人的理财观念中，理财就是把钱存在银行或放在口袋里，一点一滴慢慢累积。但这样并不能赚钱。着眼于"赚"而非"存"，才能让小钱变大钱。

Lesson 11　打破陈规

Financial Experts

一九六一年，韦纳尔镇的镇长想要在小镇上建立第一家银行。前期的准备中，不管是地皮的选择和购买，还是建筑图纸的设计，都进行得相当顺利。但就在万事俱备时，镇长却发现缺少修建银行所需的砖块。

砖块是一切建筑物的基础。缺乏砖块对镇长来说，成了一个无法克服的障碍。因为本地没有砖块，必须从盐湖城进货，但传统的运砖方式是火车货运。用火车货运的话，每磅砖的运费是二点五美元，而修建银行需要大量的砖。如此一来，光是高昂的火车运费，就会让修建银行的计划变成泡影。

就在镇长为此发愁时，镇上一个商人打破了运砖需货运的常规，提出用邮寄砖块这种近似愚蠢的想法，没想到镇长听了竟雀跃不已。

采用邮寄的方式能省下一大笔钱。当时每磅包裹的价格是一点零五美元，而每包七块砖正好在重量范围内，这比火车货运便宜一半。而且邮寄所用的列车和火车货运所用的，正好是同一班列车。于是，他们顺利克服了运砖障碍。不久之后，韦纳尔镇的居民就利用邮寄来的砖块，建起了第一家银行。

理财专家的理财秘笈

理财就像运砖一样，常需要打破常规的束缚。有时跳脱传统的做法看似愚蠢，但很可能就是解决问题的关键。

Lesson 12　将没用的东西挪到需要的地方

Financial Experts

　　加州海岸有一座城市，开发商把里面适合建筑的土地全部开发利用了。随着土地的不断开发，地价在不断上升的同时，地势也变得愈来愈低。

　　最终，这座城市在开发利用中演变成这样的局面：一边是陡峭的山坡，一边是因地势低而被倒流海水淹没的土地。看到这样的地势，开发商认为这座城市已经毫无开发价值，纷纷转向别的城市。

　　有一天，杰克来到加州海岸度假，在看到这座城市的地势后，便从中发现了再利用的商机。他立即决定买下这些土地，当地居民认为土地价值不大，便以低价将土地卖给杰克。

　　杰克雇人把那座地势陡峭的小山坡炸开，又请人将松散的泥土推成平地。就这样，原本陡峭无用的山坡变成一大片建筑用地。然后，他又找人把从山坡上滑落的多余泥土装车，倒入低地，将经常被倒流海水淹没的土地填平、垫高。如此一来，这些被淹没的土地也成了建筑用地。

　　开发商得知这座城市又有了可开发利用的土地，便纷纷抢购。杰克也因此由一名小职员摇身变为大富翁。

　　当有人问起他的发财之道时，杰克回答："我只是将在此地无用的泥土，挪到了需要它的地方。"

理财专家的理财秘笈

有时理财需要改变观念，不要理所当然地否定眼前现状。若将目光放远，或许能看到更多带来财富的商机。

Lesson 13 转变财富观念

Financial Experts

有一名长工在地主家工作了几十年，虽然他总是卖力工作，却一直过着贫困潦倒的生活。

地主见他工作勤奋、踏实能干，心想："如果让他一直这样贫困地生活下去，确实有些委屈他，而且以他的才能一直做长工也显得大材小用。"于是，地主想帮他改变目前的困境。

有一天，地主对他说："以你的才能和勤奋，可以在村口独自经营一家磨坊。我无偿为你提供初期资金，你去经营吧！"地主认为这是长工改变贫困现状的大好机会，他一定会乐于接受。

但是，长工却毫不犹豫地拒绝了，他说："我在你家做工，虽然工作比较累，但是生活有保障。我这样的生活的确贫困，但足够安全。如果我独自经营一家磨坊，不仅会为了每年收债而和邻居闹得不愉快，还得为苛捐杂税操心，十分麻烦。这样的生活也许能为我带来财富，但实在没有保障。"

地主听完，惊讶地说："你怎么会这样想呢？你现在该在意的，不是享受我提供的生活保障，而是如何让手中微薄的收入增值，利用现有的资产来规划将来。你目前的生活固然有保障，但当你年老退休，或者被我辞退后，又有什么保障呢？"

长工并没有因为地主的话而改变，他继续做着长工的工作；当然，也一直过着贫困的生活。

理财专家的理财秘笈

故事中，长工因为拘泥于生活保障，失去了让财富增值的机会，终生无法摆脱贫穷的现状。如果你是这个长工，也会做出同样的选择吗？

Lesson 14 不要只看眼前

Financial Experts

有一名青年想要发财致富，经过多次尝试，最终都以失败告终。后来，他找到一位百万富翁，并向他请教理财之道。

富翁并没有讲述什么成功之道，而是在桌上放了三块大小不同的西瓜，并问这名青年："现在桌子上有三块西瓜，如果每一块所代表的利益都相同，你会选择哪一块？"

青年没有细想，直接脱口而出："当然选最大的那块！"

富翁一听，笑着说："好，我就把这块最大的给你。"说着，他把大块西瓜递给青年，自己挑选了一块最小的西瓜。

不一会儿，富翁就将那块小西瓜吃完了，又顺手拿起桌上的最后一块。这时，青年的大块西瓜才刚吃掉一半，而富翁已得意地吃起了第二块。

看到富翁的行为，青年心想："我一开始挑了最大块的西瓜，看似占了大便宜，而富翁挑了最小块的，看似吃亏。不过，他的第一块西瓜很小，所以很快就吃完了，可以接着吃第二块，两块西瓜的分量加起来，比我的多出很多。如此一来，最终占了大便宜的还是他。我以往的失败不正是因为只看眼前，关注蝇头小利吗？"

之后，富翁对青年说："事业的成功就像选西瓜一样，选大块看似最有利可得，却可能因此丧失长远利益。年轻人啊！凡事都要有长远眼光，要懂得适时放弃眼前利益。"

理财专家的理财秘笈

不要只看到眼前的蝇头小利。将眼光放远，该放手时就要舍得。有时放弃眼前的小利，可以换来更长远的收获。

Lesson 15 换一个思路

Financial Experts

"顾氏回圈理论"的发现者顾雏军，于二〇〇五年一月登上第二届"胡润资本控制五十强"的榜首，是中国财富榜上有名的传奇人物。

顾雏军毕业于天津大学热能工程系，以硕士生的身分成功进入某个科研机构，成为一名研究人员。

任职期间，顾雏军凭着自己的努力和创新精神，在很短的时间内就研究出一个全新的理论，并将其命名为"顾氏回圈理论"。按照常规，人们在研究出新理论后，都是高价转让专利，获得大笔薪酬，然后，再接着进行新的理论研究。

然而，顾雏军不这么认为，也不是这么做的。他按照自己的想法，凭着"顾氏回圈理论"，展开艰苦的创业生涯。经过一番努力，顾雏军创办了自己的公司。之后，他又对自己的专利进行进一步的研究和开发。

十二年后，顾雏军在坚持不懈的努力和奋斗下，凭着这项专利获得巨额财富，成为财富榜上的一员。

理财专家的理财秘笈

理财时，要认清自己所要的，并勇于坚持。顾雏军的选择虽然冒险，却为自己带来更大的财富。这样的精神，是否带给你不同的启发呢？

Lesson 16 豪华游轮

Financial Experts

有一对老夫妻,经过多年的省吃俭用,养大了四个孩子。为了庆祝他们结婚五十周年,四个孩子为爸妈准备了两张豪华游轮的船票。

夫妻俩拿着豪华游轮头等舱的船票展开旅程。看到游轮上各样的奢侈设备,夫妻俩感到万分惊奇。但是,对于习惯了节省的这对老夫妻,豪华设备的费用也是相当昂贵的。经过一番细算,两人决定除了享受头等舱的套房设备外,绝不轻易消费。就这样,两人每天都在游轮甲板上往返,不停地欣赏海上风景。该用餐时,就吃自己带来的泡面,偶尔想换换口味,便去买些便宜的面包、牛奶。

旅程即将结束,在返航的当天晚上,丈夫问妻子:"回去后,如果邻居问我们船上的餐点如何,该怎么回答啊?"妻子想了一想,说:"要是真的答不出来,一定会被他们笑的。"最后,两人决定奢侈一回,去餐厅用餐。

餐厅的气氛很美好,夫妻俩不知不觉回忆起初恋的快乐时光。用餐结束时,老先生招来服务生准备结账,服务生礼貌地问道:"能让我看一下您的船票吗?"老先生生气地说:"吃个饭还要看船票,怕我们付不起吗?"说着便把船票扔在桌子上。

服务生拿起船票,在背面的空格上划掉一格。看到船票上还有很多空格,他惊奇地问道:"老伯伯,到目前为止,难道您一次都没有消费吗?"

老先生更加生气,便说:"我有没有消费,和你有什么关系?"

服务生微笑解释道:"您的船票是头等舱船票,您可以免费消费船上的任何项目。"听完侍者的解释,再回想每天吃的泡面,夫妻俩懊恼不已。

● 理财专家的理财秘笈

"节俭"固然重要,但有时盲目的"节俭",会让人错失良机。穷人理财多利用银行或存款等方式,较保守、无风险,但也难有收益。而富人理财多采用房地产、股票等方式,虽然风险较高,却有更多以钱生钱的机会。

Lesson 17 知足常乐未必可取

Financial Experts

阿健和大强两个年轻人一起去山沟开垦荒地。

大强认为粮食够吃就好，所以只开垦了一亩地，然后就每天乘凉、玩耍。阿健却一直不停地开垦，好像要把所有的荒地都开垦完。为了照顾自己开垦的几十亩田地，阿健根本没有时间乘凉、玩耍。

有一天，在树荫下乘凉的大强说："阿健，休息一下吧！人生不过短短数十载，再多的房屋你也只能住其中一间，再多的田地你也只是一个人吃饭，真不明白你为什么要这么忙碌，正所谓知足常乐啊！"

阿健笑着说："人生是很短暂，但也不是只有一年、一天。再者，工作本身也有很多乐趣，除了能提供生活保障，也是为未来奠定基础。有时，知足常乐未必是好事。"

两人观念不同，谁也无法说服对方。

就这样，大强吃完旧粮吃新粮，没事就晒晒太阳、无所事事，认为这就是"知足常乐"的生活方式。阿健却不同，他把吃不完的旧粮卖给别人，还将自己的几十亩田地租给别人耕种，不断地累积财富，为将来做准备。因此，他有了一笔不小的存款。

阿健对大强说，自己这一年所累积的财富，足够他外出旅游。

十年后，阿健带着自己的一列车队回到山沟里，一见到大强，便激动地说："在这十年间，我去过北国，见识了所谓的'千里冰封'；去过南海，体验到完全不同的风情和习俗，赚了很多钱，也做了很多事。我发现，世界原来这么大、这么美好，而我们以往的生活是那么狭隘。大强，你现在还想对我说'知足常乐'吗？"

理财专家的理财秘笈

理财观念和追求成功的态度类似，理想不同，结果也不同。大强所谓的"知足常乐"，有时是一种借口，会成为理财规划的绊脚石。

Lesson 18 财务规划要全面

Financial Experts

在巨人集团正值事业发展如日中天之际，史玉柱突然决定要修建一栋自用楼。

集团内部那些有财务知识的人都知道，这项提议可能会给公司带来损失，便纷纷劝阻。然而，史玉柱不但毫不理会这些反对的声音，还兴致勃勃地问："你们说这栋自用楼要建造几层呢？"

众人知道他正热衷于此，根本不会考虑财务上的问题，再劝也是徒劳。见劝说不成，他们就希望将自用楼的规模降到最低，这样公司的损失也会降到最低。于是，他们建议："建造十八层吧！"

史玉柱一听，觉得这个提议不错，便同意了。但是后来，史玉柱一心想着："既然我决定建造一座自用楼，就应该做到最好，不如建一栋全国最高楼。十八楼实在太普通了，很多大厦都不只十八层，还是盖七十层吧！"

接着，史玉柱开始建造这栋七十层高的全国第一楼。慢慢地，这项工程耗费了巨人集团愈来愈多资金，集团也因此背负大量外债。最后，巨人集团因为资金匮乏而终止了这项工程。

史玉柱检讨自己的失败原因，他说："我失败的关键就在于缺乏财务知识，错将流动资金投入固定的资产建设，导致公司资金匮乏，因此难以支撑。"

理财专家的理财秘笈

故事中，史玉柱的建楼规划实在太冲动了。建楼并非小事，事前又缺乏妥善的财务分析，结果造成入不敷出、负债累累的情况，并不令人意外。

Lesson 19 金钱和友谊

Financial Experts

雅可夫和亚瑟分别经营着小商店。他们两人是好朋友，平时会一起出游，也会互相提供生意上的帮助。

有一天，亚瑟的店面营运出了状况，急需五千美元应急，便找雅可夫借钱，并承诺会在三天后归还。

雅可夫听到亚瑟的请求，心想："我也只是做一些小买卖，五千美元对我来说是笔大数目，不能随便说借便借。但亚瑟是我的朋友，难道要见死不救吗？"雅可夫挣扎了一番，最后决定借钱给亚瑟。

亚瑟拿了这五千美元，再次保证会归还后，便高兴的离开了。可是，亚瑟一离开，雅可夫就后悔了，想到很多朋友因借钱不还而变得疏远，甚至反目成仇的例子，雅可夫非常担心。

接下来的三天对雅可夫来说，简直就是一种折磨，他不停地想着："亚瑟到底会不会还钱？"好不容易熬过三天，雅可夫一大早便等着亚瑟来还钱，可是等了一整天，亚瑟始终没有出现。

日子一天天过去，亚瑟丝毫没有还钱的意思，雅可夫也愈来愈痛苦，甚至快要精神崩溃了。更糟糕的是，雅可夫发现亚瑟有意躲避自己。雅可夫想提出法律诉讼，但一想到两人的友谊，又变得犹豫不决了。

理财专家的理财秘笈

有人说过，如果你想跟一个朋友绝交，那就借钱给他。人与人之间，一旦扯上金钱利益，很可能由朋友变成仇人。生活中，有许多这样的例子。当好友和你开口借钱时，一定要考虑清楚再做决定。

Lesson 20 重视微利

Financial Experts

"土木建筑大王"比达·吉威特在理财时完全展现出犹太商人的精明,他始终坚信:"一美元也要赚。"正因为重视微利,他不仅成为建筑业的龙头,在保险、煤矿、畜牧、出版等领域也分别成就了一番大事业。

在对内理财方面,他创立了一家金融公司,亲自经办子公司的所有资金周转和业务往来,不让其他公司赚自己的钱。其实,这种经营法确实有很多好处,不仅可以确保自己公司的金融自主,也能进军金融业。

除了创办金融公司,吉威特还成立了保险公司,规定公司所有员工都必须在这家保险公司办理健康保险、人寿保险等,子公司的业务保险也必须在这里办理。这样一来,不但有了"肥水不流外人田"的保障,还能在保险业务上获得收益。

就连土木机械的使用,他的建筑公司也丝毫不浪费,选择租赁下属利斯公司的机械。

至于对外理财,吉威特的经营更是"斤斤计较"。有一次,他承包了一个七亿多美元的建设工程,结果,他不仅提前半年完成工程,还省下二点六亿美元的工程费用。

吉威特说:"我不会放弃任何可以多赚一美元的机会。"

理财专家的理财秘笈

俗话说:"勿以善小而不为。"若用在理财方面,则可以说:"勿以钱小而不省。"一美元看似微不足道,却丝毫不容忽视。

Lesson 21 不同的理财观

Financial Experts

和信集团是台湾的知名企业，主要领导人是董事长辜振甫和侄子辜濂松两人。

辜振甫的性格较保守，凡事讲求安全有保障，而辜濂松较敢冲，认为要把握机会，快速发展。很多人都想知道，如果将这两人作比较，谁的财富会更多？他们的理财之道是否也像各自的性格一样？

有一次，辜振甫的大儿子辜启允在回答外界的疑问时说："我很了解他们两人的理财之道。在我父亲辜振甫这里，钱是一旦进了口袋就没有再出来的道理；在辜濂松那里，钱进了口袋就不见了。"

大家都听不明白，便问："这是什么意思呢？"

辜启允解释道："不出来的意思就是，我父亲会把钱全部存入银行，他认为这才是最安全的理财之道；不见了就是说，辜濂松会把自己赚得的钱拿出来投资，因为在他看来，钱生钱才是合理的理财观念。"

"那最终到底谁的钱比较多呢？"

"自然是辜濂松，"他又说道，"他们两人虽有十七岁的年龄差距，但辜濂松的钱财却比我父亲多，正是因为理财观念不同。"

理财专家的理财秘笈

一个人的财富多寡，取决于他的理财态度。很多人投资所得的财富远远多于存款。其实，理财不需要太多技巧，观念正确才是重点。

Lesson 22 小资女孩的理财计划

Financial Experts

沉小芬是一名二十七岁的单身女性，她身边的姊妹淘都认为自己还年轻，用不着理财。沉小芬却不这么想，虽然每个月的收入只有三万元，她还是仔细做了理财计划。

首先，每月的主要支出就是房租。和朋友合租的房子，每月租金是八千元，这笔钱是不能动用的。其次，每个月有一千元左右的通话费，也不能任意挪用。这样一来，每月固定开销是九千元，剩余的流动资金是两万一千元。

除了固定开销外，吃饭和其他活动的开销是一万五千元。这样算下来，还有六千元的余额。

沉小芬想："如果我一个月存六千元，一年后便有七万两千元的存款。这笔存款除了备用之外，还可以进行其他投资。若有投资收益，我便能买一些自己喜欢的东西。"

一番规划后，沉小芬立刻开始存钱。在存钱的过程中，她又不断调整自己的理财规划。以前总认为自己单身，没什么负担，常常大手笔花钱买衣服、逛街、请人吃饭等。

在理财的过程中，沉小芬慢慢改掉了挥霍的习惯，能不花钱就尽量节省。到了年底，看着账户里的存款数目，她觉得很有成就感。为了奖励自己，她买了一个漂亮的新包包。

第二年，她又把每月六千元的存款改为一万元，并开始进行小额投资。

理财专家的理财秘笈

很多年轻女性尚未意识到理财的重要性。其实，在规划未来的同时，理财是不可或缺的一环。懂得理财、学会投资，更能为自己规划美好人生。

Lesson 23 理财大师的智慧

Financial Experts

苏茜·欧曼原本只是个名不见经传的餐馆招待员,但她凭着自己的理财知识和对财富的追求,不但成为亿万富翁,更被誉为"全球最出色,最富有热情,也是最美丽的个人理财师"。

苏茜自小就梦想成为一名富婆,"如果不当总统,那么就当一个理财顾问"。一九七九年,当她有了第一笔资金时,便在别人的提议下购买了股票认购权,但因经纪人指导失误,她的第一次投资赔得血本无归。后来,经纪人所属的美林证券得知责任在自身,便对其损失进行补偿。这件事让苏茜明白,只有好的经纪人才能真正对投资人负责。

自此,她不再盲目地投资赚钱,而是开始了解金钱的运作规律。她加入美林证券,想要成为一名专业的理财师。三年后,苏茜跳槽到保德信证券担任投资副总裁。随后,创建了苏茜·欧曼财务集团,展开了自己的投资理财事业。

凭着多年的理财师经验,苏茜明白金钱的伟大力量不是来自于金钱本身,而是源于人的运用,理财的最终目标是自由地运用金钱,成为钱的主人。为了让更多人了解理财知识、拥有理财意识,她编写了很多著作,和大家分享自己的金钱观和理财观。

理财专家的理财秘笈

理财的最终目的是让人更自由的运用金钱,为自己和家人留下一生的财富保障。千万要记住,我们是金钱的主人,而不是财富的奴隶。

Lesson 24 只借一美元

Financial Experts

　　一位穿着名牌西装的犹太人来到纽约州一家银行,并走向贷款部。

　　贷款部经理见来人满身名牌,应该是个有钱人,问道:"先生,有什么需要我为您效劳的吗?"

　　"嗯,我想向贵行借点钱,可以吗?"这个犹太人回道。

　　"当然可以,请问您打算借多少钱?"

　　"一美元。"

　　贷款部经理实在难以相信,他惊讶地问:"先生,您确定只借一美元吗?"

　　"确定,难道贵行没有这项业务吗?"犹太人有些迟疑的说。

　　"当然有,只要您有足够的担保,想借多少都无妨,再多借点也可以。"

　　犹太人从包包里拿出一大堆股票和国债,放在柜台上,问:"这里有五十万美元,我用它们作担保,够了吧?"

　　经理更加疑惑不解地说:"足够了,但是您真的只借一美元,不再多借点吗?"

　　犹太人很肯定的点点头,坚持只借一美元。

　　经理为他办完业务后,将一美元递给他,说:"年息是百分之六,只要您一年后偿还利息,我们会把这些股票和国债全部退还给您。"

　　犹太人答谢后,转身准备离开。

　　观察了整个借贷过程的行长也感到疑惑,不明白一个拥有五十万美元的富人为什么只借一美元。于是,行长追上犹太人:"先生,请留步。"

　　"有事吗?"

行长说出了自己的疑惑："拥有五十万美元，可以算得上富人了。您为什么只借一美元呢？这样不是很吃亏吗？"

犹太人笑着解释道："我也不是一定要借钱，只不过我到金库询问，发现金库保险箱的租金十分昂贵，所以就来贵行借钱，把财产寄存在贵行。这样一来，我每年只需支付六美元，租金实在太便宜了。"

▍理财专家的理财秘笈

看完这个故事，不禁令人莞尔。原来，省钱也有如此有创意的方法。只要愿意动脑，相信你也能发挥创意，运用各种方式达到理财目的。

Financial Experts

一天一堂课，受用一辈子！
· MEMO 理财专家随身笔记 ·

Yes! You are the ONE!
你就是自己的理财专家

二月 February
理财专家的赚钱方法

财富从哪里来?所谓"脑袋空空,口袋空空",财富来源于一个人的头脑。赚钱是一种能力,更是一种智慧。想要赚钱,先提高你的财商,利用自己的聪明"财"智来赚取属于你的财富。

Financial Experts

Lesson 1 一切都是商品

Financial Experts

罗恩斯坦是一名极具财商的犹太人，他认为世上的一切都是商品，都可进行投资理财。他就曾利用"美国国籍"来发财致富。

二战期间，奥地利的斯瓦罗斯基家族，专门生产玻璃饰品，后来在德军的压迫下，不得不转而制造望远镜。二战结束后，法军决定接手这家公司。罗恩斯坦得知这个消息时，已经拥有美国国籍。他在这家公司看到了巨大的商机，立刻决定购买斯瓦罗斯基家族的公司所有权。

在交涉过程中，为了使斯瓦罗斯基公司免除被没收的命运，他以公司的永久代销权为条件，答应协助与法军周旋。虽然斯瓦罗斯基家族十分不满意他所提的条件，但为了维持家族的自身利益，只好接受罗恩斯坦的所有条件。

与法军谈判时，罗恩斯坦巧妙地运用自己的美国国籍，强迫法军认同他拥有公司的所有权。迫于美国强大的军事威慑力，法军不得不接受罗恩斯坦的条件，放弃对斯瓦罗斯基公司的控制权。

罗恩斯坦凭着自己的国籍，轻松换来一家代销公司。

理财专家的理财秘笈

很多人总是抱怨缺乏发财机会。对于有理财头脑的人，一切都是商品，都能用来生财。若从这样的角度思考，你将发现——身边处处是商机。

Lesson 2　顺应市场潮流

Financial Experts

崔广宇从事图书企划的工作，曾出版过十几本书。因内容跟不上时代的步伐，这些书都不太畅销。但二十九岁那年，他因为一本书而赚得一大笔钱。

原来，近几年来，崔广宇发现自己出版的图书与市场脱节，便开始关注市场趋势，并注意到当下盛行的"纳米"一词。于是，他搜集了大量的相关资料，开始进行研究。

后来，崔广宇发现纳米技术是未来市场的发展趋势，很可能会改变整个世界，而大多数国家对纳米的研究都是刚刚起步。此外，他还发现，因科学家对纳米技术颇为重视，很多商家从纳米技术中看到商机，想从中谋利。于是，他召集了十几名学者，开始编写《纳米世纪》这本书，并将其定位为科普类书籍。

有一次，崔广宇偶然遇见美国西蒙新经济基金会的中国区代表麦克。麦克在崔广宇的书中看到了未来新经济的发展趋势，便以一千三百万人民币的天价买下《纳米世纪》的美国版权。凭着这本书，崔广宇成为千万富翁。

理财专家的理财秘笈

崔广宇能留心观察市场趋势，并具有前瞻性的眼光，才有机会赢得出版先机。关注市场趋势，是赚钱的重要前提。

Lesson 3　用才华经营财富

Financial Experts

　　李敖是一位知名的作家和政治评论家。他在文学创作上深受各界关注，但很少有人关注他的理财观念，更不知道他是个理财高手。

　　一九六〇年，李敖曾因创作失意而退出文坛，转而销售旧家电。自此，他培养了扎实的理财态度。

　　一九七九年，李敖复出文坛后，一连出版了多本书籍，赢得相当高的知名度。他也展开了独特的理财之路——将文学作品当做商品来销售。李敖言辞犀利、思维独特，很多出版商竞相购买他的书籍版权。就这样，李敖将出书、卖书当做生财手段，靠着书籍出版获得大笔收入。

　　除了利用写书生财，李敖还开设电视节目。例如，他加盟凤凰卫视，有一档自己的节目，在展现口才的同时，也赚得大量财富。接着，他又和凤凰卫视联手举办"神州文化之旅"，到北京、上海、香港进行探访，将文化之旅变成商业之旅，不仅提升了自己在中国的知名度，更能从中获取利润。

　　由此可见，李敖的确拥有独特的商业眼光和理财之道。

理财专家的理财秘笈

许多人认为，文艺和金钱是两回事；对李敖来说，两者可以巧妙结合。用自己的才华创造财富，不但能发挥长才，更能获得实质报酬。

Lesson 4 适时改变自己

Financial Experts

有一年，杰瑞失业了，他开始颓废，觉得自己陷入了人生的大低谷。一天，杰瑞看见一个老人为了维持生计而奔波。他开始深思，自己现在才四十岁，正处于人生的黄金期，和老人家比起来，眼前的困难算不了什么。他认为自己应该面对现实、寻求改变，而不是沉浸在苦恼和遗憾中。于是，杰瑞开始积极寻找机会，终于找到一份临时工作——帮朋友推销滞销的电扇。

炎热的酷夏里，杰瑞奔波于各大卖场推销电扇。在卖场中，他不断观察顾客对电扇的需求，及时发现很多想要购买电扇的商家。一个月内，杰瑞就推销出一百台电扇，小赚了一笔，但因为是临时工作，很快就结束了。

不过，杰瑞并不沮丧，他决定到纽约闯一闯。到了纽约，他发现凭自己的学历很难找到好的发展机会。于是，他选择了一份生产线人员的工作。经过半个月的努力，他出色地完成了老板交代的任务。老板看到满手血泡的他，立刻将他升为业务主管。杰瑞担任主管期间，一直兢兢业业、努力工作。几年后，他带着赚得的钱回到家乡。

杰瑞发现，在纽约迅速发展的一些产业，当地还无人经营。于是，他决定从这片蓝海做起。他先待在汽车公司，估算每天的汽车销量。接下来，便成立一家汽车美容公司，获得了巨大利润。

现在，杰瑞的公司已成为当地汽车美容业的佼佼者，杰瑞也成为身价超过千万的大富翁。

理财专家的理财秘笈

想要累积财富，就要不断改变自己的理财观念；切忌一成不变的生活状态，这种状态容易让人麻痹。

Lesson 5 一块钱致富

Financial Experts

有个年轻人，毕业后便去别的城市寻求发财之路。然而，他不但没找到好工作，还花光了所有生活费。

万般无奈之下，他买了一张火车票，准备回家乡发展。看着口袋中仅剩的一块美金，他愈想愈不甘心，不愿就这样轻易放弃，便撕了火车票。之后，他凝视着月台上来往的人潮，突然想到一个赚钱的方法。

他来到车站附近的一家商店，用一块钱买了水彩笔和纸张，做成一个简单的纸牌，在上面写着"一元迎宾牌"，打算将纸牌出租给迎接宾客的人。他拿着这张纸牌在火车站绕圈，一天下来，有了三十元的收益。解决温饱问题后，他将赚得的钱全部用来购买纸笔。五个月后，他靠着"一元迎宾牌"赚得一笔积蓄，便以不塑钢的"迎宾牌"取代原本的纸牌，并在火车站附近成立办公室，继续迎宾牌出租的生意。

有一天，他见车站前小贩出售的草莓很容易腐烂，最多只能维持三天的新鲜度。看到这个情形，他又有了好点子，用出租"迎宾牌"赚得的钱，去购买栽种草莓的花盆。

第二年春天，当人们都往城里运输采摘下来的草莓时，他却运输栽有草莓的花盆。因花盆种植的草莓更加新鲜，而且可以随时采摘，深受大家的喜爱。不到半个月，他的三万盆草莓便被抢购一空，获得了三十万的收益。

理财专家的理财秘笈

在很多人眼里，一块钱微不足道；在善于理财的人看来，一块钱是财富的根基。只要有正确的理财观，一块钱绝对可以致富。

Lesson 6 办法是人想出来的

Financial Experts

巴西盛产木材，造纸业相当发达。但是随着城市建设速度加快，土地的价格开始上涨，造纸企业很难找到资源丰富、价格低廉的用地。其中，有一家原本计划建造一座年产值二十六万吨的纸浆公司，也被迫停工。

日本一家营造商得知此事，便前往巴西，对纸浆公司的人说："我们知道贵公司目前的困境，愿意承建大型纸浆厂。"

巴西人听后，十分高兴，但又有些担心地说："现在土地价格十分昂贵，你们虽然能建厂，但若没有地皮，一切都是空谈，建厂的事还是暂缓吧！"

日本人直接回道："你们不用担心地皮的事，我们已经考虑过这个问题，并将其算在成本之中了。"

巴西人激动地说："贵公司选择的厂房地点合适吗？在哪里呢？"

"很合适，它不仅距离木材产地近……"

日本人还没有说完，巴西人便直接否定了："选择厂房时，我们最忌讳靠近木材产地，那里地处原始大森林，是一片偏远之地，地价再便宜也没用，因为没人愿意去那里工作。而且，就算我们将厂房选在那里，产品的运输也是大问题。"

日本人笑着说："你先听我说完，厂房不仅距离木材产地很近，而且距离销售地也很近。此外，厂房最大的特点是能够自由变换场地，它是个浮动厂房。"

巴西人听到浮动厂房后，都感到不可思议地问："是什么样的浮动厂房？"

日本人回道："这个厂房其实就是一艘大型工作船，因为巴西的水运便利，用船不仅可以随意行驶到木材产地，也能到达销售地，这样我们便可以妥善利用有效资源并减少污染。另外，工人在船上生活和工作，往返于各地之间，就像是在旅游的感觉，还可以利用船只维修空档和家人团聚。"

巴西人听了，点点头说："这样的厂房既不用花高价购买地皮，又能方便的往来于产地和销地之间，而且还能吸引工人，真是一个创意之举。"

巴西人按照这个提议建造了一座水上浮动厂房，并开始进行大规模生产。现在，这个工厂取得了良好的经济效益。

理财专家的理财秘笈

想要充分利用有限资源，方法绝对不只一种。创新思维不仅能为我们获得商机，也能引起注意，发挥营销效益。

Lesson 7 炼金术的秘密

Financial Experts

有个名叫奈哈松的泰国人，一心想成为大富翁，并认为炼金术是追求财富最快的方法。为了习得炼金术，他花费所有的金钱、时间和精力，不停地进行试验，很快便耗尽家产，甚至把吃饭的钱也花光了。他的妻子见劝说无用，便找父亲帮忙，希望父亲能让他明白，只有脚踏实地的勤奋工作才是成为富翁的方法。

她的父亲叫来奈哈松，对他说："我现在已经知道如何炼金了，但是还缺少一样炼金必备的东西。"

奈哈松一听，急忙问道："你告诉我缺少什么东西，我去找！"

"告诉你这个秘密也行，但是你必须为我收集三斤香蕉叶子下的白色绒毛，而且你只能从自己种植的香蕉树上收集这些绒毛。等收齐之后，我便将炼金的方法告诉你。"

奈哈松立即着手种植香蕉树，为了能快速收齐绒毛，他不仅开垦了自家荒废多年的土地，还大量开垦别处的荒地，每天忙得不可开交。香蕉成熟后，他每天起早贪黑地搜刮每张香蕉叶下的白绒毛，而他的妻子和一双儿女则将收获的香蕉拿到集市上出售。

十年后，奈哈松凭着辛勤劳作，终于收齐了三斤绒毛，兴奋地找岳父询问炼金之术。岳父带着他来到院子中，指着一间房子说："炼金术的秘方就在那里，你打开门看看吧！"

奈哈松打开房门后，映入眼帘的是满屋黄金，他的妻子和孩子在屋中对他微笑。妻子说："这些黄金都是你种香蕉得来的，凭着十年的勤奋工作，你现在已成为富翁。"

> **理财专家的理财秘笈**
>
> 在这个快速发展的时代，人们凡事都讲求捷径，甚至对理财也是如此，总想以最快的速度获得财富。其实，勤奋工作才是最踏实的致富之道。

Lesson 8 与众不同的旅馆

Financial Experts

美国著名的设计师米特，不仅在设计上独具创意，在投资理财方面也有自己的方法。

有一天，米特入住一家旅馆，看着其中的设计，突然出现一个念头：大家都在陆地上盖旅馆，何不试试在水下建造旅馆呢？海底世界神秘又有趣，如果可以住在其中，一定能吸引很多人来玩。于是，米特决定修建一个水中旅馆。

他最初的构思是在海里直接盖一栋房屋，用玻璃做墙，人们便能透过玻璃墙，利用海底探照灯来欣赏海底景观。但是他开始执行后，遇到了很多困难。米特只好调整设计方案，租用了一艘大船并加以改造，安装许多特制的玻璃，又将船底腾空，设计了五十个房间。

海底旅馆完工后，米特开始宣传它的独特之处。游客纷纷因好奇而入住，他们一进入旅馆，大船便驶向浅海，沿途可以观赏各种海底景观。

这个旅馆设计独特，即使每个房间租金高达五千美元，人们还是纷纷前来入住。米特靠着租金便赚得大量利润。

理财专家的理财秘笈

人们时常抱怨缺乏赚钱时机，却忘了商机来自脑中的创意。市场需求无限大，只要有好点子，就有机会赚钱。

Lesson 9 因人因地制宜

Financial Experts

名古屋的繁华商业地带有家"日伊高级百货店",因产品种类少,店内生意一直清淡。

商店老板见房租及水电费不断上涨,营业额却没有上升,便开始担心起来。老板知道商店的问题所在,认为应该增加商品种类来满足不同消费者的需求。但是如此一来就必须扩大规模,而扩大规模表示要加租场地。就目前的经营状况,他们根本没有能力再加租场地。

正在左右为难时,老板发现在不同的时间段内,光顾商店的消费族群也不同。白天的消费族群以家庭主妇为主;下午五点后,来店消费的大多是刚下班的女性上班族,她们主要是购买一些新潮时尚的商品。发现这个现象后,他想到可以"因人制宜",改变商店的经营方式。

于是,他将店内商品分为两大类:在白天,货架上主要销售家庭主妇需要的日用商品;晚上时,货架上摆放的是流行服饰和年轻女性喜爱的物品。之后业绩果然大幅提升,在短短五个月内连续开了六家分店;三年后,竟有了一百零八家分店。

日伊高级百货店因为能充分利用现有资源,生意遍布全国各地。

理财专家的理财秘笈

理财规划讲求以最小投资获取最大收益。充分利用资源,并依人、事、时、地、物等条件做出适度调整,才能为自己争取最大利益。

Lesson 10 充分利用资源

Financial Experts

希尔顿饭店成立时,希尔顿说了这样一句话:"我要充分利用资源,让希尔顿饭店的每一寸土地变成黄金。"而他也确实做到了,总能把握每次的生财机会。

几十年前,希尔顿从华尔道夫·阿斯托利亚大饭店看到了商机,以七百万美元的价格买下饭店管理权,随后开始实施自己的管理措施。很快地,这家著名的饭店便进入最佳营运状态,充分利用了饭店的每一寸土地。然而,希尔顿却仍旧寻找着可能被忽视的资源,以开发新的生财之道。

有一天,希尔顿一直盯着饭店大厅的大圆柱,并不时敲打这些圆柱。看到希尔顿的举动,员工就知道他又想出一个生财之道,而且绝对是别人意想不到的。

果真,希尔顿观察了柱子的构造后,发现这四根圆柱是空心的,根本不是为了支撑天花板而存在的,毫无力学价值。在希尔顿看来,没有实用价值的装饰,即使是为了美观,也是一种资源浪费。于是,他将空心柱改造成四根透明的玻璃柱子,并在玻璃柱中放置一些外观漂亮的玻璃展示箱。如此一来,这四根圆柱不仅具有装饰性,更发挥了巨大的商业价值。几天后,许多精明的纽约珠宝商和香水厂商便以高价租下展示箱,这项收入让希尔顿每年净赚两万四千美元。

接下来,希尔顿还是在不停地寻找商机……

理财专家的理财秘笈

生活中,处处是商机。这些商机是留给独具慧眼的人。投资高手懂得充分利用资源,不仅要把握机会,更要创造机会。

Lesson 11 抢占先机

Financial Experts

在美国的哈佛镇有一群小孩，经常利用课余时间去火车上卖爆米花，其中有个十岁的小男孩总是令人印象深刻。

当大家都在卖原味爆米花时，他却在爆米花中加入奶油和盐，让爆米花的味道更加可口。结果，火车上的乘客都来买他的爆米花，他也因此比其他孩子赚得更多的钱。

有一次，大雪封住了道路，很多乘客被困在火车里。这个小男孩连夜做了很多三明治，当小同伴们还是拿着爆米花去卖时，他却提着卖相不太好的三明治贩售。乘客们因为饥饿难忍，纷纷买了他的三明治，很快就抢购一空。就这样，小男孩因为抢得先机，赚得不少收入。

到了夏天，小男孩不再和伙伴一起卖爆米花，而是改卖冰激凌。他设计了一个可以扛在肩上的小箱子，并且在箱子旁边挖了许多小洞，将蛋卷堆放在里面，再将冰激凌放在其中。结果，这种蛋卷冰激凌因为新鲜又有创意，吸引了很多乘客，他的生意也异常的好。

后来，参与的孩子愈来愈多，这个小男孩预估之后的生意应该不好做，便在大赚一笔之后退出竞争。结果，车站的生意果然愈来愈难做。没多久，便有人开始取缔附近的流动摊贩，他因能及早抽身，没有任何损失。

这个小男孩就是保罗·高尔文，也就是后来的摩托罗拉公司创办人。

理财专家的理财秘笈

具有商业头脑的人，不但能引领市场潮流，更懂得何时应该退场。在市场上与他人竞争时，一定要设法创造差异，抢占先机。

Lesson 12 用创意占领市场

Financial Experts

圣地亚哥有一个叫做凯文·米毛的年轻人失恋了，既痛苦又悲伤。有一天，他无意中发现自己以前种的玫瑰枯萎了，他认为这象徵着爱情的死亡。于是，他剪下玫瑰的花瓣和叶子，用黑色丝带稍作装饰后，寄给那个抛弃自己的人。这样做让他心里感到舒坦。

这件事让凯文·米毛发现了赚钱之道。当世界各地的花店都在出售象徵喜庆和祝福的鲜花时，圣地亚哥却出现一家专门出售"死玫瑰花"的商店，商店的主人正是凯文·米毛。

凯文·米毛知道，世界上有很多失恋者、失意者，甚至是受骗者，这些人的心情应该和自己一样——既想得到安慰，又想有所发泄。如果向他们出售枯萎的玫瑰，不但能协助他们发泄情绪，自己也能获得盈利。

"死玫瑰花"商店的服务是，贩售或寄送枯萎的玫瑰花给感情受挫的人，一开张便有很多顾客上门。虽然枯萎的花朵寄送价每束高达四十美元，买者仍然大有人在。许多感情受骗、心灰意冷、愤世嫉俗的人来到商店，纷纷要求米毛寄送枯萎花朵给感情骗子、卑鄙的生意合作者、不道德的老板等。

凯文·米毛的"死玫瑰花"商店借由出售、寄送枯萎的玫瑰花，在安慰失意者的同时，也赚得大量利润。某些人在收到枯萎花朵之后，内心感到愧疚，便不再做危害他人的事情。因此，司法机关也大力支持米毛的事业。

理财专家的理财秘笈

很多时候，人们对于精神需求的投资可能会大于物质需求。故事中，米毛就是从人们的情感需求出发，用自己的创意开辟新市场。

Lesson 13 巧借东风

Financial Experts

早在朝鲜战争刚结束时，霍英东就预测到，香港的航运业不仅能带动全球金融贸易快速发展，还会促进商业和房产的开发。于是，他将投资目标转向开发房地产。

一九五四年十二月，霍英东用自己的一百二十万港币和贷款的一百六十万港币，创立了立信置业有限公司。在公司成立之初，他和别人一样，自己投资买旧楼，然后拆建成新楼出售。这样的投资售楼法，虽然能够稳当地赚钱，但因个人资金有限，发展也较为缓慢。

霍英东为了改变这种经营法，弥补自身资金不足的缺点，进行了多次尝试，但都以失败告终。

有一天，他的邻居说要买楼，霍英东发现盖好的楼已经售完了，没楼可卖。邻居却指着正在施工的大楼说："这一栋楼看起来也不错，我可以先预订吗？"

霍英东一听，发现这正是自己苦苦思索却尚未想到的改变方法，立刻问对方："预订可以，但你能先付部分订金吗？"

邻居回道："可以，但是大楼盖好后，我要自己选择楼层，到时再把余款付清。"就这样，两人达成协议。

自此，霍英东便开始了房产预售的经营方法，让买房者预先交付订金。这种售楼法在帮助自己累积资金，弥补资本的同时，也推动了楼房销售，在香港兴起一股炒楼热。

理财专家的理财秘笈

人的能力是有限的，特别是在刚刚创业时，总会遇到各种阻碍。霍英东的房产预售法，就是巧妙借用他人的资金，来弥补自身的资金短缺，进而促进自己的事业发展。

Lesson 14 你想赚钱吗?

Financial Experts

　　福勒原是一个黑人佃农的儿子，和其他佃农的孩子一样，从小就开始工作。不过，福勒有一个与众不同的母亲。他母亲不像其他家长那样，向孩子传授"贫困是命中注定"的概念，而是教育小福勒："福勒，我们的贫困不是上帝的意愿，而是你父亲没有致富的梦想。我们不应该过这样的贫穷生活，你要出人投地。"

　　受母亲的影响，福勒想走上致富之路。经过利益权衡，福勒决定经商，并选择肥皂为经营目标。于是，福勒开始销售肥皂，一做就是十二年。后来，他听说有个肥皂公司要进行拍卖，售价是十五万美元。福勒想买下那家公司，拿着十二年来累积的两万五千美元去和公司经理商谈，因双方一直有供应关系，便达成一个协议——福勒以两万五千美元作为保证金，在十天内还清剩余的十二万五千美元，如果十天后福勒无法筹到十二万五千美元，他将会失去两万五千美元的保证金。

　　福勒自己一时无法拿出十二万五千美元，便想从他人手中集资。在十二年的肥皂推销生涯中，福勒结识了很多商人朋友，也得到很多人的赏识和尊重。通过向朋友、信贷公司和投资集团借贷，在第十天前夕，福勒已筹到十一万五千美元。为了剩下的一万美元，福勒半夜驾车走遍整条第六十一号大街，穿过几条街区后，他看见一家承包商事务所。

　　福勒走进去，看到一位因工作而疲惫不堪的人。福勒为自己打气："我必须勇敢些，只要再筹一万美元，我就可以拥有那家肥皂公司了。"福勒鼓起勇气向承包商开口："你想轻松赚取一千美元吗？"

　　承包商愣了一下，说："当然想！"

"那么，现在请你开一万美元的支票给我，在我偿还这笔钱时，会同时付给你一千美元的利息。"福勒将其他借款人的名单递给这位承包商过目，并向他解释借款的原因。

第十天，福勒带着十二万五千美元，买下了肥皂公司。后来，福勒的事业愈做愈大，除了肥皂公司之外，还拥有另外七家公司。

理财专家的理财秘笈

投资理财最容易遇到资金匮乏的问题，向他人借贷或邀请他人投资时，应该设法向对方证明，借钱给你是有利可图的。

Lesson 15 变废为宝

Financial Experts

"一根穿越大西洋底部的电缆破损了,需要更换新的。"听到这个消息,很多人都认为这根电缆已经成为废物,没有任何利用价值。但是,一个名不见经传的珠宝店老板却不这么认为,他迅速买下这根破损的电缆。

人们不明白珠宝店老板想做什么,一致认为他疯了。珠宝店老板也不在乎别人的看法,而是开始整理电缆,将电缆清洗干净、拉直后,又把它剪成数个小金属段。然后,他开始装饰这些金属段,把它们做成纪念品。最后,他以"大西洋底电缆纪念物"的名义,开始出售这些金属段。就这样,别人眼中的废物,在他手中变成最有价值的纪念品。他也凭着这些纪念品,轻松赚得一大笔钱。

后来,他又购买了一枚欧仁皇后丢弃的钻石。这次,人们不再说他是疯子,而是开始揣测,他是要自己收藏还是高价出售呢?

看着这枚散发着淡黄色光彩的钻石,他做了一件出乎意料的事——举办首饰展览会,展出皇后的钻石。许多人慕名前来参观,他又毫不费力的大赚一笔。

这个人是查尔斯·路易斯·蒂芬妮,美国著名的"钻石之王"。

理财专家的理财秘笈

在投资高手眼中,世上也许没有所谓的"废物"。只要能发挥创意,并运用适当的方法,许多看似无用的东西都可以"变废为宝"。想赚钱,就必须培养一双慧眼,以最少的资本创造最大利润。

Lesson 16 不凡的商业传奇

Financial Experts

一九七〇年，查理斯·萨奇和莫里斯·萨奇两人成立了萨奇兄弟广告公司，凭着"怀孕的男人"这一广告，成功进军广告业。他们两人透过兼并、联合等手段，逐步创造了广告界的神话。

萨奇兄弟广告公司的发展史，其实就是一部吃掉其他公司的记录史。

一九七二年，萨奇兄弟公司才刚站稳脚跟，便开始了兼并的步伐。一九七六年，他们将目光投向比自己公司大两倍的康普顿广告公司英国分公司，开始大量收购其股份，成功完成了小鱼吃大鱼的收购。之后，萨奇兄弟公司成功进驻伦敦股票市场，为进一步的投资打下基础。

一九七九年，萨奇兄弟公司虽成立不到十年，但因先前不断地兼并、收购其他广告公司，已成为英国广告界的霸主。在广告业的行家都惊叹萨奇兄弟公司的快速扩张时，萨奇兄弟却没有以此自满，而是将目光转向了大洋彼岸和世界各地。

一九八一年，萨奇兄弟用五百六十万英镑的价格收购了伽洛特控股公司，将其在伦敦的广告业务进一步拓展。一九八二年，他们开始攻占美国广告业，投资五千五百三十万美元，购买了纽约康普资讯公司，同时得到了该公司在全球三十多个国家的经营权，为扩张全球事业打下坚实的基础。接着，他们又展开在人才上的投资，于一九八三年以七百五十万美元的价格买下麦克加弗利公司，获得了大批有创意的专业人才。

一九八四到八五年间，萨奇兄弟又透过兼并、收购等手段，分别获得了一支雄厚的开发力量、一个高级的智囊团，并增加了公关力量，还涉足管理谘询及商业促销领域。

萨奇兄弟在收购、兼并时，采用先支付订金，而后分期付款的方式，将自己与所收购公司的利益相挂钩，利用他们来为自己赚钱。两人的兼并和收购并非盲目进行，而是选择收益优良的企业。

就这样，萨奇兄弟靠着兼并和扩张，创造了不凡的商业传奇。

理财专家的理财秘笈

广告的确为萨奇兄弟赚来财富，但如果他们没有及时抓住兼并其他公司的机会，可能难以快速获得如此丰厚的利润。

Lesson 17 及时创业

Financial Experts

一九七三年，科莱特考进美国哈佛大学。他虽是英国人，但入校不久便和一名美国人成为好朋友。在他们升大二那年，这位美国人说："科莱特，我们一起创业吧！现在最吃香的行业是财务软件的开发，而我们已经掌握了相关的技术，不如退学去开发 32Bit 财务软件吧！"

听到朋友的提议，科莱特十分吃惊，他说："我们是来求学的，不应该放弃学习专业知识的机会，而去开发什么财务软件。再者，我们还没有完全掌握 Bit 系统知识，根本没有能力去开发软件。"于是，科莱特的美国朋友便独自退学去开发软件了。

一九八三年，科莱特对 Bit 知识有了足够的了解，成为这方面的博士研究生，而当年那位退学的美国朋友，也恰好在这一年成为美国《富比士》上的亿万富翁。

科莱特认为自己的专业知识还不够精深，选择继续深造，于一九九二年成为该领域的博士后。也正是在这一年，他的那位美国朋友已拥有六十五亿美元资产，成为美国的第二富豪，身价仅次于华尔街大亨巴菲特。

一九九五年，科莱特认为自己的专业知识已经足够精深，足以去开发 32Bit 财务软件。然而，他的那位美国朋友却在这一年开发出 Eip 财务软件，比 32Bit 财务软件快上一千五百倍。在 Eip 软件推向市场的时候，32Bit 软件便失去了市场，而这位美国朋友也因此成为世界首富。

想必大家都猜到这位美国朋友的身分了吧？他就是大名鼎鼎的比尔·盖茨。

理财专家的理财秘笈

有些人认为，创业必须先累积足够的资金、一定的经验、丰富的知识等。其实，把握时机也很重要。机会是不等人的，不要为自己找太多借口，以免错失良机。

Lesson 18　别出心裁赚大钱

Financial Experts

　　吉姆·麦凯布是一名心理学家。他结束了自己的事业后，和妻子一起开了一家"夫妻店"。

　　因吉姆平时喜欢看电影，夫妻俩的商店业务以出租录影带为主。他们每天到附近的录影带店观察，找出出租率最高的影片。夫妻俩发现，人们常租的电影录影带主要是优秀电影和入围奥斯卡的电影。然而，这对夫妻平时较喜欢看一些与众不同的电影，特别是"演出大失败"的电影，可是这些电影在一般商店中是找不到的。

　　经过一番考虑，夫妻俩认为自己商店出租的录影带应该与众不同。于是，在商店开业时，他们除了出租那些好莱坞大片，还出租很多各式各样的奇怪电影，并挂上"本商店提供最糟电影"的招牌。虽然商店提供的是最糟电影，但生意却非常好，顾客纷纷前来租借这些"最糟电影"。看着商店出租业务出奇得好，夫妻俩又新增了一项业务，即利用免费电话来出租"最糟电影录影带"。一年后，商店获利极佳。

　　后来，吉姆说："很多人在创业之初都说无从下手，其实我们只是从反面入手，让自己与众不同而已。"

理财专家的理财秘笈

事业成功的关键之一，便是发现市场需求并去满足它，通过别出心裁的想法开创出新市场。正如文中的吉姆，在别人出租最好的电影录影带时，却选择出租最糟的，凭着与众不同的点子赚大钱。

Lesson 19　学会利用他人的优势

Financial Experts

一九七〇年，世界爆发了一场石油危机。当人们正处于这场阴霾时，突然有消息说德州有个大油田，而且联邦政府准备拍卖这块油田的开采权。

听到这个消息后，所有石油公司都雀跃不已，想要竞得该油田的开采权，因为得此油田者将在今后的几十年内，赚得丰厚利润。

道格拉斯也经营了一家石油公司——谟克石油公司，他知道自己的小公司无法与石油界的大亨相比，但若是就这样放弃，又心有不甘。百般思量后，他想到一个办法：美国花旗银行的总裁琼斯是著名的银行大王，谟克石油公司一直都是银行的老客户，如果这次拍卖会能请出银行总裁为自己助阵，那些石油大亨一定会有所顾忌，那么自己便有很大的胜算。

于是，道格拉斯便开始与琼斯联络，请求他帮助自己赢得油田开采权。琼斯心想："道格拉斯赚得钱愈多，存入花旗银行的钱也会愈多，这对花旗来说只有好处没有坏处。再者，这对我来说是小事一件。"于是，琼斯答应了，并问道格拉斯准备以怎样的价格赢得这场拍卖会。

道格拉斯回道："你知道我的公司比较小，最多只能出一百万美元。"

琼斯思考了一会，说："嗯，拍卖那天我会去，不过能不能成功就看天意了。"话虽如此，琼斯其实自信满满。

一星期后，拍卖会现场除了道格拉斯的谟克石油公司外，剩余十家石油公司全是实力雄厚的大企业。

就在拍卖会即将开始的时候，琼斯悠闲地来到了现场。见状，除了道格拉斯之外，所有人都感到惊慌。因为如果银行大王也来竞争，其他人将无力抗衡。

拍卖会开始，经纪人把底价定为五十万美元，每次加价至少五万美元。经纪人刚报完底价，琼斯就举牌说："我出一百万美元。"听到他出声后，所有人都吓呆了，没有人敢再喊价。

最后，在经纪人的落锤定音中，谟克石油公司获得了油田的开采权。

理财专家的理财秘笈

当自己能力有限，或者竞争力不足时，借助他人的优势不仅能让竞争对手知难而退，还能为自己赢得利润。

Lesson 20　有亮点就有市场

Financial Experts

　　从前有个偏远的小山村，村内的几十户人家一直过着贫困落后的生活。虽然他们极力想改变这种困境，却一直找不到致富的方法。

　　有一天，一个很有商业头脑的商人来到这个小山村，发现"落后"本身便有很大的商机，于是，他请村长将全村的人召集起来，献出了致富之计："现在的生活愈来愈现代化，很多大都市的人渐渐对生活感到厌烦。既然你们现在的生活和原始人差不多，为什么不干脆回到原始生活，将'落后'当作卖点，以此吸引都市人呢？而且，你们还可以借此契机做生意赚钱。"说完，他又提出了更具体的计策。

　　这个计策获得全村的认同，他们纷纷回归"原始人"的生活，不但穿兽衣、将房子搭建在树上，还开始穿树叶做成的衣服。

　　随后，这名商人又对媒体透露自己发现了原始人部落，引起社会各界的关注。不久，人们便慕名来参观这个部落，很多有商业头脑的人将这里开发成旅游景点，开始陆续修建公路、旅馆和商店。

　　小山村的人也做起生意，赢得一笔可观的财富，让山村愈来愈富裕。

理财专家的理财秘笈

做生意时，很多人都说自己找不到卖点，生意经营十分困难。其实只要策划得当，任何产品都能找到亮点。

Lesson 21　愈简单的模式愈能赚钱

Financial Experts

因为金融危机，黄先生失业了。失业后，他用一百万贷款成立了一家服装公司，但因没有经验，不仅赔得血本无归，还欠下五十万元。黄先生检讨失败经验，觉得自己应该用最简单的办法去赚钱。

有一次，黄先生在与朋友喝茶聊天时，无意间听朋友说现在最热门的是房地产市场。之后，黄先生决定投资房地产。于是，他每天到新开发的区域察看，了解最新的行情和预售消息。后来，黄先生看准时机并同时预订了好几户，然后在房屋正式开卖时，将升值后的房子转手卖给别人，从中赚取差价。

两年后，黄先生靠着投资房地产赚得几十万。但他没有急着还款，而是思考新的投资方式。他发现某个花园店面虽然价格已经下降到十万元一坪，但仍旧卖不出去，而对面另一个建案的价格却已经超过一坪三十万。于是，他主动找开发商谈条件，买下花园里的所有店面。简单装修后，黄先生以茶楼的方式将店面承包出去。短短一个月的时间，黄先生就从中赚得八百万的利润。而且，茶楼每年的盈利也不低于一百万。

渐渐地，黄先生开始小有名气，人们也发现他有一个常人难以理解的习惯，那就是他从来不读书、看报，每天只想着用最简单的方法赚取最多的钱。他没有自己的公司，也没有固定的上班地点，每天都是去茶楼喝茶思考。

一天，有人问黄先生："为什么不看书呢？"

黄先生笑着说："读书会让人变得畏首畏尾，不敢放手去做，这样不适合经商和投资。我每天考虑的是如何把复杂的问题简单化、把不值钱的东西变得值钱。"

后来，黄先生因经常去茶楼喝茶，发现对街的两个店面迟迟卖不出去，他认为那是好地段，不买十分可惜，于是冒险买了下来。那些原本打算购买但迟迟没有下手的投资者，发现黄先生买下之后，便产生了浓厚的兴趣，想要知道他打算做什么。黄先生秉着"别人愈好奇，店面愈神秘，卖价愈高"的原则坚持不肯转手，而加以装修。一个月后，他将购买和装修不超过六百万的店面，转手卖了八百万元。

就这样，黄先生凭着简单的模式赚得大量资金，很快就成为千万富翁。

理财专家的理财秘笈

投资其实不难，正如黄先生所说："把复杂的事情简单化，用最简单的方法赚钱。"投资时务必盯紧市场、了解市场需求。

Lesson 22 慧眼识财富

Financial Experts

海瑞·温斯顿是一名穷苦移民人家的儿子,在父亲做珠宝店生意的影响下,他也拥有敏锐的珠宝鉴赏能力。

十二岁那年,海瑞在机缘巧合之下,从一堆廉价的假宝石中,发现了一颗祖母绿,并以二十五美分的价格买进,两天后又以八百美金的高价卖出。

一九三二年,海瑞成立了一家珠宝公司。凭着对珠宝的敏锐直觉,他想出了一个既有特色,又能降低竞争率的发展策略,即低价买进旧珠宝首饰,对卸下的宝石进行打磨和切割,使其恢复光彩,然后采用最流行的宝石镶嵌法,将其镶嵌成款式新颖的首饰,再高价出售。凭着这一策略,海瑞再次赚到了钱。

海瑞也懂得利用明星效应,他以奥斯卡颁奖典礼为契机,将钻石借给入围最佳女主角的珍妮佛·琼斯。在琼斯成功赢得奥斯卡金像奖之后,很多被提名的女明星纷纷前来向海瑞借珠宝。

海瑞的珠宝不仅深受好莱坞明星的喜爱,在皇室贵族中也颇受欢迎。很快,海瑞的珠宝品牌声名远扬,他的公司也由一家小作坊摇身变成著名的珠宝连锁店。

现在,海瑞珠宝是高贵的代名词,海瑞也被称为"钻石之王"。

理财专家的理财秘笈

有些人之所以能成为富翁,是因为他们能"慧眼识财富",善于把握商机,从而成就自己的财富梦想。

Lesson 23 发财之路处处有

Financial Experts

一九九四年三月二十二日,李福民在中国滕州市墨子书院举办了一场"中外异形酒瓶展"。在展会上,他展出自己二十年来收藏的两千多支形状奇特的酒瓶,吸引了十万多名参观者,同时引来各大媒体争相报道。之后,他又被邀请去韩国参加酒类博览会,成为声名远扬的"名人"。

李福民原本是滕州一家烟酒公司的小职员,因从小酷爱收藏,工作后便开始收藏形状奇特的酒瓶。闲暇时,他开始研究酒瓶的形状、设计,与酒瓶结下不解之缘。

他收藏的众多酒瓶中,其中有个"杜松子狼牌酒"的酒瓶。这个酒瓶的材质是厚厚的透明玻璃,酒瓶的形状和军用水壶相似,一面是半圆形,印有英文字母;一面是光滑的平面,刻着一个张着嘴的狼头。这个酒瓶是第二次鸦片战争时期荷兰军人用的酒瓶,距今已有上百年的历史。

这个酒瓶的收藏过程也很有意思,是他去北京出差时发现的。当时,他在圆明园遗址游玩,发现旁边有个废品收购摊。他来到小摊前,发现这个被麻绳拴着的脏瓶子后,立刻买了下来。他听说酒瓶的原主人把它当成盛煤油的器皿,一直用了好几十年。

在酒瓶收藏的过程中,他累积了不少心得。他发现酒瓶融合了文学、雕塑、书法和绘画等艺术,不仅有实用价值,也有很高的考古价值。

理财专家的理财秘笈

一般人往往苦于没有赚钱门路,其实路就在脚下,只要你用心去寻找,发财之路随处可见。

Lesson 24 创意无价

Financial Experts

有位青年靠着创意赚钱,由一名普通的打工者走向了创业之路。

有一天,青年路过一家雕刻店,发现店老板在象牙米上雕刻字画,一时兴起,他便开始在普通米粒上进行尝试。在米上刻了祝福的字后,他又有了新想法,将米放进玻璃筒中,再往玻璃筒里倒入彩色液体,尝试后,结果出现了令他难以置信的效果,只见在玻璃筒的放大作用下,一颗颗米粒都好像十分美丽的工艺品。接着,他又开始对玻璃筒进行装饰,在上面钻了一个小洞,从其中穿过一条彩色丝带。就这样,一个普通的米粒一下变成了漂亮的装饰品。

看着自己尝试的结果,青年觉得这是一条生财之道,可以好好利用。于是,他拿出所有积蓄来购买相关材料,然后根据自己的创意制成一大批吊饰和饰品。当这些饰品出现在市场时,立刻引起大家的兴趣,纷纷向他购买。

有了存款后,青年成立一家米粒刻字店。因饰品做工精细、样式新颖,第一个月就赚了十几万。为了吸引更多顾客,扩大消费市场,青年除了不断对文字和图案进行创新,还在包装上另辟蹊径,将玻璃管改造成各种形状。

随着产品不断创新,米粒刻字店的生意也愈做愈大,青年因此成了小富翁。

理财专家的理财秘笈

创意是一种非常好的赚钱方法,因为不需要投入太大的成本,只要细心观察生活,发财机会随处可遇。

三月 March
理财专家的用钱态度

理财的重点，一方面在于"打江山"，也就是赚钱；另一方面在于"守江山"，即用钱和存钱。赚钱的主要目的是支付个人及家庭开销，而支出的多寡会直接决定存钱的数目，你有多少财可"理"，关键就在你的"用钱态度"。

Financial Experts

Lesson 1　理论与实践

Financial Experts

　　培根不仅以文学才华闻名，也以"商业智慧"享誉全球。在著作《论财富》中，培根详述了理性的理财之道、对待财富需明智等观点。然而，在现实生活中，培根却是个语言上的巨人、行动上的矮子。

　　培根的一生可谓辉煌异常，短短二十年间，三次被皇室加封进爵。可是，他也因过度开销而打破了这一度的辉煌，陷入债务漩涡。为了还债，他不停地筹钱，甚至踏上收受贿赂的道路，最终被敌对势力揭发，被迫认罪下野。很多人都说培根之所以因债务走向毁灭，是因为他空有理论，却缺乏务实的经济头脑。

　　再看看另一个例子。

　　在英国经济最困难的时期，皮特接手管理国家财政，凭着自己的经济头脑带领英国人度过难关，重新踏上繁荣昌盛的道路。有一天，皮特突发奇想，想要知道自己到底拥有多少财产，便请银行家卡林顿勋爵帮他计算自己的家庭账务。然而，计算结果却让皮特和卡林顿大吃一惊，因为皮特每周都要购买一百斤的肉，光是伙食开销就是普通人家的好几倍。此外，在住宿费、仆人的薪资和日常开支上，皮特更是毫无节制，每年都要花费两千三百英镑。虽然皮特的年薪都在六千英镑以上，有时甚至超过一万英镑，但他的家庭财务反而是一片赤字。

　　于是，这位极具财商的人，因为无节制的开销而使自己和家人负债，甚至在他死后，国家还另拨四万英镑帮他偿还个人债务。

理财专家的理财秘笈

理财不仅需要经济头脑，还要拥有务实的态度，并维持合理消费。了解理论是一回事，是否能将理论落实于生活中，才是真正重要的。

Lesson 2 不要花掉明天的钱

Financial Experts

张先生拥有国立大学的博士学位,毕业后进入一家外商公司担任专案经理,月薪十万元,如果加上年终奖金,每年至少有三百万的收入。

张先生是高收入的"白领阶级",也过着名副其实的"白领生活"。他总是穿着名牌服饰、开着名车出入高消费的娱乐场所,享受奢华舒适的生活。

但是这位张先生却连一毛钱的积蓄也没有,每月领了薪水不久就全部花光,年终奖金和其他福利资金也挥霍一空,是个不折不扣的"月光族"。

为什么有这么高的收入,也会成为"月光族"呢?

原来,张先生认为自己年薪百万,是上流社会的成功人士,而成功人士就该有成功人士的样子,也就是要学会享受。

他贷款买了豪宅和名车,三餐都在高级餐厅消费,不是山珍海味绝对看不上眼。他也经常请朋友去打高尔夫球、上酒吧。虽然他的收入不低,但是开销更大,如此不知节制,难怪会成为"月光族"。如果有一天,他必须面临失业困境。那么,他该如何生活呢?

理财专家的理财秘笈

因为虚荣心而过度消费,就算赚再多钱也会入不敷出。很多缺钱的人其实并不穷,只是因为花钱不知节制。别忘了为未来做打算,不要花掉明天的钱。

Lesson 3 避免过度消费

Financial Experts

二〇〇七年年底,英国权威媒体BBC登出了这样一则新闻:二十世纪八〇年代英国著名的新闻主播米切尔因为负债达百万英镑,最后向法院申请破产。他的房子已遭抵押,他被迫沦落街头。

二十多年前,正是米切尔事业巅峰时期,他是全世界最有名的新闻人,曾主持过独立电视ITN晚间十点的新闻节目,还采访过许多世界政要,如英国前首相撒切尔夫人和德国前总理科尔。

在那时,他的年薪高达十万英镑,还有一栋价值五十万英镑的别墅。他每年有两次海外度假的机会,妻子也是伦敦的高级白领,儿女都在贵族学校读书……他们一家人过着上流社会的生活,可谓应有尽有,羡煞旁人。

然而,在二〇〇一年,米切尔却遭遇了人生的滑铁卢。首先是电视台裁员,他被迫辞职。失去工作后,厄运便接二连三。他为以前的奢华生活负债几万英镑,为了还债不得不申请新的信用卡。然而,由于他改不掉浪费的习惯,几年下来,他所欠的债务已高达六十万英镑。走投无路的米切尔不得不变卖房子还债。

最后,他无家可归,只能流落在布莱顿街头乞讨。

当这个消息被BBC曝光后,引起了人们的强烈讨论,谁也没想到当年红极一时的新闻主播竟会变得落魄穷困。后来,相继有许多媒体对他进行追踪报道。米切尔在采访中说,希望世人能以自己为反面教材,不要过度消费。

理财专家的理财秘笈

不论你的薪水多高,理财时都要谨记"量入为出"的原则。贫困时要懂得节约,富裕时更要有所节制,以免过度消费,最后后悔莫及。

Lesson 4 比大腿粗十倍的裤子

Financial Experts

有一次，富兰克林受一位朋友的邀请去参观他新建的别墅。当朋友领着富兰克林进入他的别墅客厅后，富兰克林发现里面相当富丽堂皇，每个空间都宽广无比。

富兰克林问："为什么把房子建这么大？"

朋友得意洋洋地说："那是因为我有钱。"

然后朋友又领着他走进一间豪华的大餐厅。

富兰克林又问："为什么餐厅要这么大？"

这位朋友再次回答道："那是因为我有钱。"

富兰克林看不惯朋友的虚荣，便讥讽他说："那你为什么还穿这条紧身的裤子？你那么有钱，就应该穿一条比你的大腿粗十倍的裤子！"

理财专家的理财秘笈

这个故事充满讽刺意味，却相当值得深思。我们不见得拥有华丽的豪宅，但有时也会不小心购买太多不必要的物品。消费之前，请先想想，这笔开销对自己有何意义。故事中，富兰克林看不惯朋友的虚荣，认为他的房子空间是过度浪费。我们也可以想想看，在自己拥有的物品中，是否也有过度浪费的情况？

Lesson 5 想要和必要

Financial Experts

"股神"巴菲特的总身价超过六百亿美元,是仅次于比尔·盖茨的世界超级富翁。然而他很少花钱为自己换一辆车甚至买一件新衣服。

这或许令人疑惑,但的确是事实。身为世界数一数二的富人,巴菲特懂得赚钱,也懂得花钱。他有一个习惯,就是在每次产生消费念头时,先把想买的东西写下来,然后判断它是"想要的消费"还是"必要的消费"。若只是想要的消费,就会坚决杜绝这一念头,若是必要消费,则会交由助理审核,确认是否真的合理。

在巴菲特看来,穷人之所以穷,不是因为他们赚不到钱,而是他们无法克制自己的消费欲望。穷人一有钱,总会想尽办法满足自己的某种需求,导致最后身无分文;富人之所以比较有钱,某种程度是因为懂得如何花钱,他们通常会把心中的消费欲望排序,将"必要的欲望"放在前面、"想要的欲望"放在后面,让自己知道各种欲望的轻重缓急,明白哪些钱该花、哪些钱不该花。

根据世界权威财经杂志《富比士》的调查,富人会将至少百分之五十的收入用于投资。当然,这样未必能致富,却拥有致富的机会,而穷人的收入大部分都花在日常开销上。

理财专家的理财秘笈

将花钱的欲望分为"想要的"和"必要的",有利于妥善管理财富。善于管理钱财,让每一笔支出都更加合理,你就有机会成为富人。

Lesson 6　福特的慷慨与吝啬

Financial Experts

麦克是纽约一家小报的记者。某个周末,他在餐厅和几位朋友一起喝酒。正聊得开心时,麦克忽然眼前一亮,他看到几位西装笔挺的绅士从包厢里走出来,其中一位正是当时事业如日中天的"汽车大王"——福特。

身为记者的敏锐反应,使麦克放弃与朋友聊天,转而观察福特这位知名人士的言行举止。只见福特拿着一张单子,走向柜台的服务生,对他微笑着说:"麻烦你再算一下,账单金额是否有误。"

那位服务生看了一眼,回答说:"没有算错,福特先生。"

"请你再仔细算一算。"福特仍是微笑着说。

年轻的服务生看到福特如此认真,感到莫名其妙,就说:"的确有些误差。我们餐厅零钱很少,所以我多算了你五十美分。不过你是有钱人,一定不会要的。"

"你错了,我很在意这五十美分。"福特说。

"那就当小费付给我吧!我们真的没有零钱找你。"服务生有些难堪。

"小费我已经付给你了,这五十美分你应该找给我。"福特坚定地说。

服务生只好在抽屉里找了半天,带着歉意将五十美分交到福特手中。此时,福特的朋友已走出餐厅准备上车,他们招手向福特示意,要他快点。

福特向他们点了点头,将零钱装入口袋便走出餐厅。

他一走出去,年轻服务生就小声嘟囔着:"小气鬼,连五十美分也要计较。"

"你错了,他绝不是小气鬼。"麦克目睹了刚才那一幕,走过来对服务生说:"他不久前才向慈善机构捐出五千万美元的善款。"

服务生一脸疑惑，觉得难以置信。麦克拿出他们报社两周前的一份报纸，将捐款的报道指给服务生看。

但服务生仍是不解，他问："那他为什么要对五十美分斤斤计较？"在他看来，一个会捐款五千万美元的有钱人，是不应该计较区区五十美分的。

麦克说："因为他对每一分钱都同样看重。在他看来，这五十美分和捐出的五千万美元一样重要。"

也许对福特来说，索回五十美分的行为只是小事，却不经意让麦克领悟到——不论你面临的事情有多微小，都没有理由不认真对待。

后来，麦克谨记这个宝贵的经验，经过十多年的努力，终于成为美国报界举足轻重的记者。

理财专家的理财秘笈

福特的"慷慨"与"吝啬"让我们明白，应该付出的钱财，再多也不要心疼；自己应得的钱财，哪怕只有一分钱，也不能轻易放弃。

Lesson 7 旅游消费要谨慎

林先生和新婚妻子向一家旅行社缴了十万元团费，参加新年假期的"新马泰七日游"。

第一站到了新加坡，下了飞机后，本应该先回饭店的，林先生夫妻和其他游客却被导游带入当地的一家首饰店。

在导游的游说下，游客们纷纷在店里挑选戒指和项链。林先生也为爱妻挑选了两件首饰，一个白金钻戒和一条白金项链，共花了四千五百美元。

然而旅行还没有结束，林太太就发现手上的戒指有点褪色，不像刚买时那么有光泽。

玩了七天后回国，林太太觉得戒指和项链愈看愈不对劲，于是林先生就找了一位朋友帮他鉴定。朋友对他说，戒指和项链的确是18K白金，钻石也的确是钻石，但是这种白金和钻石的品质很差，若是在台湾购买，最多只要两万元台币。

林先生又将戒指拿到专业部门鉴定，结果和朋友说的一样。林先生明白自己买了劣等品，心里很不舒服，便打电话向旅行社询问，但接电话的客服人员却说，这件事和他们旅行社没有关系。如果想退货，就去新加坡找那家首饰店。

林先生生气地挂断电话，看来只能自认倒霉，就当花钱买个教训，以后旅行时一定要想清楚再消费。

理财专家的理财秘笈

很多人都认为，旅游时多花点钱也无所谓，所以常在旅行时花了许多冤枉钱。

Lesson 8　比尔·盖茨的用钱观

Financial Experts

　　众所周知，微软创始人比尔·盖茨曾是世界首富，其个人资产总值曾达到一千亿美元，比世界上最穷的三十个国家GDP总和还要多。然而，身为世界首富，比尔·盖茨却十分节俭。

　　微软创业初期，比尔·盖茨就非常注重节俭。有一次，兼任微软总裁的魏兰德将自己的办公室装饰一新，比尔·盖茨知道后非常生气，认为魏兰德是在浪费钱财，会对员工造成不好的影响，因此严厉批评了他。

　　虽然微软已成为全球市值最高的IT帝国，比尔·盖茨仍没有改变他的节约作风。有一次，比尔·盖茨约见一位客户，他们在一家饭店碰面，助理就在该饭店为他订了一间总统套房。当比尔·盖茨进入总统套房后，看到卧房内豪华的布置时，竟然大发雷霆，对助理骂道："谁叫你订总统套房的！"

　　比尔·盖茨终年工作繁忙，经常一个礼拜要飞四五个国家开会。不过他搭飞机较常坐经济舱，很少坐头等舱。

　　有一次，美国凤凰城举办一次电脑展示会，比尔·盖茨应邀出席。主办单位事先为他订了一张头等舱的机票。但比尔·盖茨得知此事后，立刻要求他们换成经济舱；还有一次，比尔·盖茨去欧洲开会，他也事先要求主办方为他订经济舱机票。

　　比尔·盖茨那么有钱，为什么还这么节俭呢？难道他真的成了一个守财奴吗？答案当然是否定的。

　　事实上，比尔·盖茨相当慷慨。微软员工的薪水和福利总是羡煞旁人，比尔·盖茨还大力投身慈善事业，一次次捐出数亿美元的善款，并将个人五百八十亿美元的财富全部捐入他成立的比尔与梅琳达·盖兹基金会。

　　由此看来，这位世界第一有钱人，也是世界第一"会花钱的人"。

> **理财专家的理财秘笈**
>
> 真正的有钱人有时会做出一些看起来与自己身分不相称的事，或许别人会认为他们过于吝啬，但他们知道，钱就是要花在最有意义的事情上。

Lesson 9 节俭也能成大事

Financial Experts

ALDI 是德国最大连锁超商，以"穷人店"的经营模式席卷全球。

经营者阿尔布雷希特兄弟出生在德国一个普通矿工家庭，母亲在家乡经营一家小食品店。二战后，食品店由两兄弟接手。不久，两人在市郊开了一家超商，由于资金不足，只能进少量种类的物品；因为没钱做广告，只能靠低价来吸引客人。他们的店面环境和设施也相当简单。

后来，他们发现简单的装修和有限的品项并不影响业绩，那些想买到廉价商品的顾客天还没亮就会在店门前排队。

于是，他们把盈利用于开连锁店——ALDI，这个名字由他们的姓氏阿尔布雷希特（Albrecht）和廉价（Discount）的前二个字母组成。特色就是，店内没有豪华装修、商品价格低廉到他人无法竞争。

ALDI 采用低成本的经营方式，以"节俭"为最高指导原则。在德国人心目中，ALDI 已成为便宜可靠的代名词。

如今，ALDI 在全国有超过八千家分店，年营业额超过上百亿美元。

理财专家的理财秘笈

如何才能发财？每个人都有自己的答案。阿尔布雷希特兄弟凭节俭成就一番大事业，也让自己成为亿万富翁，这一事实证明——节俭也是一条生财之路！

Lesson 10 以旧换新

Financial Experts

谢先生和谢太太刚搬入新居。乔迁前，他们花钱将新居装修了一番，又添购了几件新家俱。当他们布置新家时，发现一些旧的家俱和家电已经无用，放在新房又占空间，就想将它们处理掉。

周末他们逛卖场时，发现店家正在举办家电"以旧换新"活动，夫妇俩赶紧将家中不用的家电搬来，根据活动规定，只要支付部分金额，就能购得新家电。谢先生也找到渠道处理旧家俱，就是交给附近的寄卖行代销，卖的价钱比旧货回收店高出不少。

有了这些经验，谢先生就把旧货处理当成一种投资方式，他经常将那些不用的旧货以最合适的方式卖掉，从中获得不少收益。比如说家里买了笔记本电脑，原来的苹果电脑就搁置不用，于是谢先生在网路上拍卖电脑，很快就以一万五千元的高价卖给一位大三学生。

后来，他开了一个"旧货拍卖网"，出售家中的各种旧货，如旧脚踏车、旧书柜等，不仅清理了很多不必要的物品，还赚得不少收入。

● 理财专家的理财秘笈

旧货没有价值？那是你不会利用。现在有许多聪明的部落客喜欢拍卖自己的二手衣，也是一种不错的赚钱方式。

Lesson 11　培养正确的金钱观

Financial Experts

　　张太太经常带着八岁的儿子去超市购物，以便让儿子在实际消费环境中养成正确的金钱观。

　　每次去超市之前，张太太都会列出一张详细的购物清单。到了超市，她就要求儿子先看当日的特价商品，有没有清单上列出的物品，然后再根据购物清单选购。通过这种方式，她儿子就知道该如何选择优惠商品，丝毫不浪费。

　　在张太太的引导下，她儿子逐渐养成"比价"的习惯，比如想购买糖果时，他会先挑选较便宜的品牌。确定要购买的品牌后，再看看包装上的制造日期、保存期限，以及是否添加防腐剂等说明，这样就能选到品质与价格兼顾的产品。

　　回家之后，张太太会和儿子一起将发票上的购物明细一一记下来，检视今日购物总共花了多少钱，是否超出预算。

　　张太太的言传与身教，让儿子学会合理利用每一分钱，养成"节俭"的用钱态度。

理财专家的理财秘笈

若想培养孩子的金钱观，可适时对他们进行"机会教育"。带孩子一起上街购物，便是教导他们理财的好时机。

Lesson 12 吝啬家月报

Financial Experts

加拿大渥太华市有一份报纸叫《吝啬家月报》，专门教人如何省钱，很受读者欢迎。这份报纸的主办人之一——尼克森，是一位"吝啬专家"，他崇尚节俭的生活，在每期报纸上提供了许多琐碎却具体可行的办法，包括下列十项省钱小秘诀：

一、每次发薪水后，拨出一定比例，百分之五、百分之十五、百分之二十五都可以，存在银行里。

二、将你每天、每周、每月的预算和支出用一张表详细列出来，清楚你的每一分钱花在哪里。

三、每次消费后，仔细核对收据或发票，看看店家是否多收费。

四、信用卡只要保留一张，卡费每月都要付清。

五、上班自己带盒饭。

六、若公司离住的地方很近，就徒步上班；远的话，尽量搭乘大众交通工具。

七、多读些关于投资致富的书，最好向朋友或图书馆借。

八、简化生活，房子不用太大，买东西就到廉价商店。

九、购物时先看商品的品质好不好，再看价钱贵不贵。

十、要大胆砍价，店家不会主动为你降价。

理财专家的理财秘笈

如果一时无法控制自己的消费欲望，可以参考《吝啬家月报》里的做法，将不必要消费的品项逐条列出，强迫自己理性消费。

Lesson 13　勤俭是财富的基础

Financial Experts

一八三九年出生的洛克菲勒没读过几年书，但是他头脑很机灵，在他十几岁时，就开始考虑做生意了。

他先是为别人打工，好不容易赚了五美元。这五美元可以做什么呢？有一天，洛克菲勒从报纸上看到一本书的广告，这本书可以教人如何致富，兴奋的洛克菲勒立刻赶到书店买了这本书。

当他回到家拆开包装翻阅时，却发现书中竟没有文字，翻遍了整本书，只有中间的一页印有"勤俭"两个黑字。

洛克菲勒非常失望，很生气，就要拿书去找老板算帐，当他打开门却发现，天已经黑了，他想这时书店已经关门，去了也是白跑，就准备明天再去。

当天晚上，洛克菲勒躺在床上辗转难眠，最初是一肚子火，烧得他睡不着，后来夜深，空气变凉，他的怒火也慢慢消了。很快，他就陷入了思索："为什么此书只有两个字？这个'勤俭'到底有什么意义呢？"他想得愈深，愈觉得"勤俭"二字大有深意。

后来他终于明白——勤俭，正是致富的根基。

从此，洛克菲勒以"勤俭"为座右铭，赚来的钱除了必要的开支外，全都存起来，以备日后创业之用。

他坚持了五年，辛苦累积了八百美元，他用这笔钱开始了他的石油事业，一步步成为石油大王。

> **理财专家的理财秘笈**

洛克菲勒的故事证明，财富需要勤奋和节俭才能得到。当然，勤俭也需经过时间的考验，有毅力的勤俭，才能带来财富。

Lesson 14　钱要花在刀刃上

Financial Experts

斯图亚特是一家航运公司的老板，他很少购置新船来扩大规模，而是设法利用旧船的操作来满足客户需求，以便在控制成本的前提下赚取更高的租金。在内部管理上，他也总是努力降低轮船的汽油消耗和员工的人事费用，以节省成本。

斯图亚特对"节流"这一项尤其重视，他从来都不允许他的船长浪费公司一分钱，也不允许公司的技术员直接向船厂支付维修费用，他认为那些技术员没有节约意识。他的员工因此都非常讨厌他，称他是"比葛朗台还吝啬的人"。

但他的努力"节流"为他建立了庞大的商业帝国，他的航运公司业务遍布全球。

一位在他公司任职多年的船工回忆道："我当他的助理时，他总是将指令写在纸条上交给我。那些用来写指令的纸条，都是品质粗劣的信纸，而且他每次只写一行，然后将这行写好的纸撕成一张条子递给我。如此一来，一张小小的信纸，通常能写下五六条指令。他说过，一张白纸只用了六分之一，其他的部分也不能浪费掉。这就是他的节约原则。"

▎理财专家的理财秘笈 ▎

省一分钱就等于多一分利润。不论你选择哪种理财方式，都要将钱用在刀刃上。

Lesson 15 就是不要浪费

Financial Experts

关于比尔·盖茨的省钱态度，有个著名的小故事。

某天，比尔·盖茨和一位朋友开车到一家饭店开会。饭店的服务生看到是比尔·盖茨，就建议他把车停到 VIP 车位，不过得付十二美元的停车费。

比尔·盖茨说什么都不愿意。他的朋友觉得很奇怪，像比尔·盖茨这样的富人，为什么连区区十二美元都不愿意付。盖兹说："同样都是停车，只为了一个'贵宾'的头衔，就要多花十二美元，实在没有必要。"

巴菲特在妻子过世后，决定要处理自己高达四百四十亿美金的财产。当时巴菲特决定把其中的三百七十亿美金完全交给比尔·盖茨所成立的"比尔——美琳达慈善基金会"。巴菲特说，把这么大笔善款交给比尔·盖茨，他可以感到放心。

理财专家的理财秘笈

比尔·盖茨深知钱财来之不易，因此他在花钱时态度谨慎，不会在不必要的事物上花钱。虽说致富的途径有很多，但不可否认，是否拥有正确的消费观，可以决定一个人财富的多寡。

Lesson 16 避免浪费习惯

Financial Experts

瑞恩是一个高薪上班族，他最近花二十万英镑买了一栋房子，并将地下室以五千英镑的年租金租给一个名叫杰克的工程师。

瑞恩有五个孩子，分别就读小学和初中。每到礼拜天，全家人都会穿着漂亮的衣服上教堂。

而瑞恩的房客杰克一家，生活方式与他们大不相同。

杰克有四个孩子，最大的两个在工厂做工，其余两个则待在家中没有上学，因为杰克没办法支付学费。他们一家人的穿着也很寒酸，若是走在大街上，经常会被人投以异样眼光，仿佛他们是乞丐一般。当他们在礼拜天去教堂时，一家人才能穿上比较体面的衣服，不过这些衣服都是跟杰克借来的，到了晚上，他还得赶紧归还。

杰克比瑞恩穷吗？单论个人，瑞恩的薪水比杰克高出许多，但杰克家的劳动人口多，他们全家一年的收入竟然比瑞恩家多出一万英镑！

为什么杰克家却显得比瑞恩家穷酸呢？原因是这样的：

杰克一家人对钱财毫无规划，没人懂得何时该节俭，总是想到什么就买什么。瑞恩常看到杰克家的人，每隔一两天就出去买些鸡肉和牛肉，有时还会买许多啤酒和威士忌。光是吃喝，他们就将薪水花得差不多了。所以，几乎每到月底，杰克家就缺钱。似乎钱财在杰克家人手中是一块烫手山芋，一到手便想立刻丢出去。

理财专家的理财秘笈

钱财是用来"使用"，而不是用来"浪费"的。当你有了薪水，就该为以后做打算，合理分配收入。如果为求享乐而一味挥霍，一旦养成浪费的习惯就很难改变。

Lesson 17 不要见异思迁

Financial Experts

楚王听说有个叫养叔的人，善于射箭，可以百步穿杨，于是重金聘请他来楚国，请他教自己射箭。

养叔既得重金，又被楚王拜为国师，他心存感激，自然专心教导楚王。学了两个月后，楚王认为自己大有进步，便想出去打猎，测试一下。

这一天，他带着随从来到一处郊野，然后让侍卫放出事先准备好的鸭子，作为他的射击目标。

楚王瞄准鸭子，正准备一箭射出，却见一只野山羊不知从哪儿蹦了出来。看到这只野山羊，楚王心里很兴奋："送上门的猎物，且看我射你的前腿！"

当他转而将箭瞄准野山羊时，一只珍稀的梅花鹿出现在他的视野内。楚王又被这只梅花鹿所吸引，他想："如此珍贵的动物，可不能让它溜了！"因此，他又将目标转向梅花鹿。

接着，在楚王准备射梅花鹿时，又出现了一只比梅花鹿更珍稀的金钱豹，于是楚王的箭再次转移。

如此反覆多次，楚王这一箭始终没能射出去。

当楚王最后决定放弃这些珍贵的猎物，专心射鸭子时，那只鸭子早已不见踪影。

楚王看到本是囊中之物的鸭子也跑了，既懊恼又生气，他将弓箭摔在地上，憋闷地回到王宫。

理财专家的理财秘笈

有些人在购物时，总忍不住被各式各样的商品吸引，买了许多计划之外的物品，却忘了本来要买的东西。你曾有这样的经验吗？

Lesson 18 要俭更要勤

Financial Experts

在古代，有一位老人去世后，没有别的财产，只有一块写有"勤俭"的匾额留给两个儿子。两兄弟分家时，就将这块匾额从中锯开，哥哥拿了"勤"字匾，"俭"字匾则归弟弟。

哥哥遵循"勤"，每天都辛勤劳作，也收获丰厚，但他不知节俭，生活极度浪费，因此存不住钱，很快就一无所有；弟弟秉持"俭"，一直省吃俭用，但他不知道勤奋，收入微薄，最后也吃光了家产。

有一天，两兄弟聚在一起互相检讨，觉得"勤"和"俭"是分不开的，于是将匾额重新合在一起，然后照着上面的"勤俭"二字去做，勤奋耕作、节俭持家，最终累积了许多钱财。后来两兄弟用这些钱成了家，生活过得幸福美满。

理财专家的理财秘笈

勤是开源，俭是节流，开源和节流是缺一不可的。节俭能累积钱财，但若不以"勤"来开源，哪有钱财可节俭？不要一味节俭，"俭"的同时更要"勤"，这是立家立业的基础。

Lesson 19 投资与消费

Financial Experts

"股神"巴菲特是投资致富的最佳典范,他凭着高超的投资手段,成为拥有数百亿美元身价的超级富豪。

在他的传记中,有这样一段话:

"如果你在二十世纪五〇年代赚了一百美元,你会用它来做什么呢?你可以去吃几次麦当劳或者买一块劳力士,但当你消费后,这一百美元就彻底消失了。也许一百美元能满足你的一时之需,但你对它的消费也可能是随意的和不必要的。过了几年或十几年,你会彻底发现当初的一百美元对你来说已经没有意义,早已成为过去。若是在当时你用这一百美元买了麦当劳或劳力士的股票,那结果就不一样了。过了几年、十几年,你买的股票价值绝对不只值一百美元;到了几十年后的今天,也许这些股票已经让你成为百万富翁,你再也不用为以后的生活发愁。"

理财专家的理财秘笈

管理你的钱财时,除了必要的支出外,其他最好用于投资,毕竟现代社会处处都有投资机会。若是胡乱消费,钱会愈来愈少,但合理投资却能让钱再生钱。

Lesson 20 不做守财奴

Financial Experts

从前有一个人叫王守财，他辛苦了大半辈子，终于换来一大袋黄金。为了能每天看到黄金、摸到黄金，他把黄金放在床头，还时常和它们说悄悄话。

但是，日子一天天过去了，王守财愈来愈害怕有小偷偷走他的黄金，于是决定把黄金藏在屋后的树林里。他偷偷地在一块大石头下挖了个洞，埋下黄金。但是，他还是不放心，就隔三差五地去埋黄金的地方看一看、摸一摸。

一个小偷发现王守财总是往树林里跑，就悄悄地跟着他，发现了石头下面的黄金。等他走后，小偷就把那袋黄金偷走了。第二天，王守财又来看他的黄金，结果发现黄金被偷走了，就趴在石头上痛苦流涕。这时，有一位长者经过这里，就问他为什么如此伤心，知道原因后，长者就对王守财说："不要伤心了，这件事包在我身上，我一定帮你把黄金找回来！"

王守财半信半疑。只见长者拿起金色的油漆，把那块大石头涂成金黄色，又在上面写了五个字——"一千两黄金"。他写完后，就对王守财说："你看，你的黄金不是在这里吗？你可以每天来这里看你的黄金，而且我保证，你的黄金绝对不会被人偷走。"

王守财瞠目结舌，无话可说。

理财专家的理财秘笈

藏在地里的黄金和涂成金色的大石头一样毫无用处。财富只有用于流通、进入市场，才有真正的价值。不要像王守财一样成为守财奴，把钱投资到最合适的地方，才能获得最大效益。

四月 April
理财专家的存钱之道

有规划的定期存款,是累积个人财富的重要基础。有了第一桶金,才有投资本钱。如果没有存款、没有积蓄,一切理财行为都是徒然。从现在开始,为自己做好存款计划吧!

Financial Experts

Lesson 1 盛开的荷花

Financial Experts

有这样一道智力题：

荷塘里，第一天有一片荷叶；第二天有两片荷叶。如果每天的荷叶数量都增加一倍，到了第三十天，荷叶就会长满荷塘。请问，在第二十八天时，荷塘里有多少荷叶？

如果逆向思考这个问题，第三十天荷叶会长满荷塘，那么第二十九天，荷叶只会覆盖一半荷塘，第二十八天，就只有四分之一荷塘的荷叶。

若你不知道第三十天荷叶会长满整个荷塘，那么在第二十八天时，你一定会觉得荷塘里的荷叶数量看起来相当少，却没想到，只要再过两天，荷塘就会被荷叶填满。

现实生活中，即使我们每天都在进步，也要经历许多过度期。有些人好不容易等到第二十八天，却发现自己只拥有四分之一，就忍不住想要放弃。事实上，只要到第二十九天，就可以看见希望，而第三十天便能大功告成。如果第二十八天就因撑不下去而宣告放弃，实在太可惜了。

▌理财专家的理财秘笈

每天进步一点，绝对会有改变。存钱要有耐心，当你熬过"第二十八天"的失望，就会看到"第二十九天"的曙光，并迎来"第三十天"的成功。储蓄贵在坚持，总有一天你将发现惊喜，小猪扑满也能变金库。

Lesson 2 每天存一块钱

Financial Experts

有一位青年每天都要到银行存钱，而且每次只存一块钱。

由于他都在同一个窗口存钱，营业员对他也感到熟悉。有一天，营业员忍不住好奇，就问他："你为什么不在月底一次存三十元，或每年存三百六十五元呢？每天都来存一次，不觉得辛苦吗？"

青年冷淡地回答："你们规定不能存一块钱吗？"

营业员连忙改口："对不起，我是说，你不觉得这样很麻烦？"青年没有回答，存完钱就离开了。

这位青年每天继续存一块钱，一直持续了三年。三年后，青年就再也没有出现在银行。又过了三年，当时的营业员收到一封从美国寄来的信，她打开信时，惊讶的发现，寄件人竟是那位每天存一块钱的青年。

信的内容是这样的：

还记得吗？你曾经问我每天存一块钱的原因，现在我可以告诉你。

我会这么做，都是因为我的母亲。她年轻时非常美丽，从小就居住在城市里。有一次，她去郊外游玩，险些被一辆大卡车撞倒，幸亏有人救了她。这个人就是我父亲。

我母亲爱上了我父亲的勇敢、正直。我父亲也很喜欢她，但他是个一无所有的农夫。我的外公外婆得知母亲爱上了一个农夫，坚决反对他们来往。外公外婆并非歧视农夫，只是觉得当农夫很辛苦。但是外公外婆的阻挠没有改变母亲的决心，最终她嫁给我父亲，并在第二年生下我。

到了农村，母亲才知道当农夫有多辛苦。她每天都要下田耕种，忍受风吹日晒，不到半年，就变得面黄肌瘦，皮肤黝黑，再也不是曾经那个美丽动人的城市女孩。

母亲虽然有些后悔，但倔强的她却不愿回头，因为当时我刚出生。

母亲希望我好好读书，将来能出人头地，走出这个穷乡僻壤。可是我很不争气，成绩一直很差。母亲含辛茹苦的工作，供我到高中毕业。后来，我没有考上大学，只好和父亲一样，每天下田。我以为母亲会责骂我，她却一句话也没说。两天后，母亲自杀了。

母亲的死令我伤心欲绝，是我逼死了母亲。从那时起，我下定决心要有出息，每天读一本书。三年之后，我发表一篇论文，这篇论文被美国一所大学看到，他们资助我出国深造，从事科学研究。现在，研究即将完成，我很快就会带着成就归国。

当初我每天去银行存钱，为的是要提醒自己，谨记母亲对我的爱。每一块钱，代表我读的每一本书。三年来，我读了一千多本书，也存了一千多块钱。"一块钱"虽然不多，却是我每天的动力。

理财专家的理财秘笈

如果你每天坚持存一块钱，那么一年后你将发现，你得到的不只是三百六十五元，更是一种"坚持不懈"的力量，而这股力量和决心，价值无限。

Lesson 3 做好准备才安心

Financial Experts

小琪在一家大公司担任营销主管，月入十万元。她认为只要没有意外，自己一定能在公司长期发展，收入也会愈来愈高。年轻的她，总是"赚得愈多，花得愈凶"，是个典型的月光族。每月十万元薪水，除了三万元房贷之外，剩下的钱都用来尽情享乐，花钱从不手软。

在小琪的观念中，享受人生才是最美好的事情，就算存折里的金额不到三位数，她也不在乎。

不过，最近同事发现，小琪中午用餐时开始改吃便宜的自助餐，下班后也跑到车站等公交车，而不是搭计程车，甚至连周末也待在家里，很少外出逛街购物。这实在不像小琪的作风。

她到底怎么了？就像完全变了个人似的。几位同事按捺不住好奇心，便问小琪是不是出了什么事。

小琪连忙摇头说："没什么事，我只是想省点钱。"

原来，那时正值世界金融危机，小琪开始担心自己的未来，意识到自己的消费过于奢侈，这样下去永远存不到钱。若是金融危机波及他们公司，她极可能面临收入缩水甚至被裁员的危险。万一真的变成这样，以后该怎么过日子呢？所以，小琪决定，以后要限定自己的每月支出，并按照标准限额来消费购物，省下的钱全部存起来，以防万一。

小琪的存钱计划是——每月十万元薪水中，除了三万元房贷、两万元生活费之外，固定存下五万元。若能坚持一年，便有六十万元存款。至少要存到两百万，她才能对未来感到放心。

理财专家的理财秘笈

"会花才会赚"的理财之道只适用于少数人。对一般人来讲，还是要多存些钱。有了积蓄，心里才会踏实。

Lesson 4　老本动不得

Financial Experts

　　一位富人有个穷亲戚。他可怜这位亲戚家徒四壁、食不果腹，动了善心想救济他。

　　富人先送给穷亲戚一头牛，对他说："你先用这头牛好好开荒，到春天时，我再送你一些麦种，种在地里后，等秋天丰收了，你有了粮食，就不会再忍饥受饿。"

　　穷亲戚非常高兴，每天赶着牛开垦荒地。然而没过几天，他实在受不了每天饿着肚子干活，觉得日子比以前更加难过。

　　于是穷亲戚把牛卖了，换来几只羊。他的想法是，先杀一只羊吃，剩下的几只可以生小羊，小羊长大后还能拿去卖钱。

　　当然，吃完一只羊后，日子又开始艰难，他忍不住又吃了一只。就这样，他"忍不住"吃了一只又一只。等到只剩下一只羊时，就将羊卖了，换成几只鸡。他觉得鸡生蛋可能比较快，有了鸡蛋，就可以不杀鸡，多的鸡蛋还能拿去卖钱。

　　鸡换来后，他的穷日子还是没有好转。鸡生蛋的速度并没有他想的那么快，他同样忍不住饥饿，杀了一只鸡。之后，很快又杀了第二只……当他杀掉最后一只鸡时，致富的希望就彻底破灭了。

　　春天来了，他的富亲戚带着麦种来到他家，却发现牛早已不在，而这位穷亲戚正在大口啃着馒头。

理财专家的理财秘笈

理财需要着眼未来，不能今朝有酒今朝醉，像故事中的穷亲戚那样只会吃老本，是理财的大忌。

Lesson 5　储蓄是理财的第一步

Financial Experts

　　五岁的艾咪刚上幼稚园，妈妈便开始培养她的储蓄观念，为她买了一个粉红色的小猪扑满。艾咪得到扑满后非常高兴，对这只"小猪"爱不释手。

　　妈妈告诉艾咪，"小猪"要用零钱来喂，否则它会饿肚子。艾咪听了点点头，之后经常把大人给的硬币塞入"小猪"肚子里。当小猪肚子里的硬币变多时，艾咪就会兴奋地拿着扑满对爸妈说："你们看，我把小猪喂得饱饱的。"

　　不到一个月，艾咪就在"小猪"肚子里存了五百元。因为这只小猪让艾咪对储蓄产生兴趣，她每天都缠着爸爸妈妈，要他们拿出几个硬币来喂小猪。

　　除此之外，艾咪也学会节俭的态度。和爸妈去超市购物时，艾咪常对他们说："这些零食家里还有，把钱省下来喂小猪吧！"

　　于是，艾咪的储蓄习惯愈来愈坚定，"小猪"肚子里的零钱也愈来愈多。一年后，艾咪已经有两千元的存款了。

理财专家的理财秘笈

坚持储蓄是理财的第一步。通过储蓄，可以培养孩子的耐心与毅力，让孩子拥有良好的习惯，从小就学会理财。

Lesson 6 留好家底

Financial Experts

　　兔子灰灰长大后，决定离家独自生活。离家之前，兔妈妈叮嘱它两件事："第一，建造兔窝时，一定要多造几个出口，遇到危险才有退路可逃；第二，出口要建在花草茂盛之处，敌人才不容易发现，而且不论遇到什么情况，都不能吃窝出口的草。"

　　灰灰谨记兔妈妈的嘱咐，在建造兔窝时，分别设计了三个方位的出口；每次外出觅食，它总是跑到离洞口很远的地方，完全不吃兔窝出口的草。就这样，灰灰平安地度过了秋天。

　　冬天来临，每天西风都在呼呼咆哮着。有一天，灰灰出去吃草，刚出洞口，就被凛冽的寒风吹得全身发抖。灰灰心想："天这么冷，我出去不被冻死才怪。"看到洞口茂密的草，它又想："我只要吃几口就好，等明天天气放晴，再出去觅食。"

　　灰灰自我安慰一番，就吃起洞口的草来，一吃就停不下来，把肚子吃得鼓鼓的。

　　又过了几天，外面下起了大雪，灰灰就想："这么大的雪，连路都看不清，能上哪觅觅食呢？"于是，它又准备吃洞口的草，不过这次换了另一个洞口。

　　灰灰安慰自己说："我有三个洞口，每个洞口都长满青草，每次轮流吃几口，绝对不会吃光的。"接着，便开始大吃特吃。

　　此后，每当天气不好时，灰灰就在洞口吃草填肚子，它爱上了这种方便的觅食方式。

　　一天清晨，当灰灰醒来时，突然听到不寻常的声音。它睁开眼睛环顾四周，发现有一只大野狼正在洞口处，用尖利的狼爪翻动着泥土。

灰灰吓得魂飞魄散，赶紧往其他洞口逃去，却发现那两个洞口都被大石头堵住了。

野狼得意地说："从你第一次吃窝边草时，我就发现你的窝了。不过我知道狡兔三窟，所以迟迟没下手。现在我找到你的所有出口，只要把它们堵起来，你就插翅难飞了。"

窝里的灰灰想起兔妈妈的叮嘱，明白自己犯了大错，可是现在后悔已经太迟了。

理财专家的理财秘笈

每个人都该为自己保留足够的"家底"，绝对不能轻易花掉。否则，遇到意外或紧急状况时，一切只能听天由命了。

Lesson 7 九一储蓄法则

Financial Experts

有一位白手起家的富人，拥有许多财富。身边的人都非常羡慕他，希望能够和他一样富有。

曾有人问他致富的秘诀，富人回答说："假如你有一个篮子，每天早上都往里面放十个鸡蛋，然后当天吃掉九个。几天之后，这个篮子会怎么样呢？"

这人回答说："这个篮子会被装满。因为每天都会剩一个鸡蛋，剩的鸡蛋累积起来，就会把篮子填满。"

富人笑着说："没错！致富的秘诀其实很简单。如果你每天都在钱包里放十个硬币，而当天只花掉其中九个。几天过后，钱包里的硬币数量也会增多。一天一天慢慢累积，你迟早会变得富有。"

理财专家的理财秘笈

故事中，富人的致富方法可归纳为"九一法则"。也就是说，如果你每天收入十元，最多只能花九元，至少有一元要存起来。"九一"法则虽然简单，却能发挥极大的作用。只要你长期坚持，篮子里的"鸡蛋"就会从无到有、从少到多，再由"多"变为"更多"。

Lesson 8　哈佛的储蓄课

Financial Experts

在美国第一学府哈佛大学，每位学生都会上这样一堂经济学课。这堂课只教两个概念，第一个概念是在支出时要区分什么是投资行为，什么是消费行为；第二个概念是每月要存至少百分之三十的薪水。

众所周知，哈佛大学的毕业生，大部分在工作几年后会很富有，原因就在于他们严格遵守哈佛教授的理财概念—存百分之三十的薪水。

对他们来说，存钱是每月发薪水后的首要任务，只有完成此事，才会将剩余的钱用来消费。

哈佛大学培养了无数的百万富翁，他们的致富秘诀虽各有不同，但相同的是，当初在学校所学到的储蓄观念对他们产生了十分重要的影响。

理财专家的理财秘笈

有些人认为，储蓄的报酬率太低，因而不重视储蓄。其实储蓄是理财规划的第一步，想要实现理财目标，就必须先储蓄。储蓄能帮你累积财富，让你控制支出，培养良好的消费习惯。

Lesson 9 钱小作用大

Financial Experts

森林里的动物准备修建一座桥。修桥需要木材,于是动物们找到一棵又圆又高的大树,大伙儿一起使力将它推倒。

小鸟看到了,也过来帮忙,但是其他动物觉得小鸟太小,根本帮不上什么忙,就请它在一旁唱歌为大家加油。

除了小鸟外,所有的动物都倾尽全身力气,还是无法将这棵大树推倒,小鸟见大树已经摇摇欲坠,就飞上去站在那棵树上。

它一站上去,大树就倒了。

所有动物都称赞小鸟,说它帮了大忙。

小鸟就像我们的一块钱。对现代人来说,一块钱的确没什么分量。然而有时候,许多事情就差一块钱,比如某件名牌服装定价九百九十九元,少一分钱都不可以,而你只有九百九十八元,少了一块钱,就买不到这件衣服。或是准备搭公车时,可能就差一块零钱,因而无法上车。平常我们对一块钱爱理不理,但在关键时刻,它的作用真的很大。

理财专家的理财秘笈

不只一块钱,五块、十块硬币也都是小钱。如果用这些硬币填满小猪扑满,就是一笔不小的金额。

Lesson 10 储蓄的目的

Financial Experts

　　藤田田是日本麦当劳株式会社社长，他的公司是麦当劳在日本最大的特许经营商。日本有一万多家麦当劳分店，其中有三千多家属于藤田田；这一万多家麦当劳的年营业额高达五十亿美元，其中有三十亿美元是由藤田田旗下的麦当劳分店贡献的。藤田田创造的辉煌业绩在餐饮界无人可比，而在他创业之初，曾有过一段极为不凡的经历。

　　一九六五年，藤田田从日本早稻田大学毕业，然后进入一家大型电器公司。一九七一年，藤田田看准了麦当劳在日本的巨大发展潜力，决定要以此创业。

　　麦当劳是闻名世界的连锁企业，采用特许连锁经营机制，但要取得它的特许经营资格，必须具备相当的财力和特殊资格，也就是七十五万美元现款和一家中等规模以上银行的信用支持。

　　藤田田当时只是一个毕业数年的打工者，根本没有那么多现金，家里也没有足够的资金支持他。不过藤田田心意已决，他绞尽脑汁去借钱，可惜忙了五个月，才借到四万美元，加上他原有的五万美元存款，还不到十万，与麦当劳要求的七十五万美元简直是天壤之别。

　　但他不愿放弃，直接去找住友银行总裁，请求总裁给他五分钟时间，然后快速说明自己的创业计划和求助意愿。当时总裁并没有立刻答复，只是淡淡说了句："你先回去吧！我会考虑的。"

　　藤田田听出总裁话中含义，分明是没兴趣，他心中一凉，很是失望，不过他很快打起精神，礼貌地对总裁说："总裁先生，能否允许我说明我那五万美元存款的来历呢？"

　　总裁想了想，说："好吧！"

　　藤田田深吸一口气，说道："这五万美元存款是我工作六年的所有积蓄。这六年来，我每月坚持存下一定的金额，从来不间断。虽然我有过无数次花钱冲动，都咬紧牙关忍住了。需要额外用钱的时候，我宁愿向朋友借钱也不动用存款。从我踏出大学校门那一刻，我就下定决心，以十年为期，存够十万美元，然后自己创业。我相信，如果我能在存钱的小事上坚持，一定能做成大事。现在我虽然只存了六年，但是机会已经来了，所以我决定提前创业。"

藤田田说起此事充满激情，竟足足讲了二十分钟，总裁似乎也是听得入神，并没有示意他停止。藤田田说完后，总裁问他是在哪家银行存钱的，然后说："小伙子，我下午会答复你的。"

藤田田走后，总裁立刻赶到他说的那家银行，向柜台小姐打听藤田田的情况。没想到柜台小姐竟然认识藤田田，她说："你问藤田田先生啊，他可真是个有毅力的年轻人。这六年来，他每月都到我这里存钱，就算刮风下雨也会准时出现。"

听完柜台小姐的讲述，总裁立刻回办公室打电话给藤田田，并告诉他，住友银行将无条件支持他。

藤田田惊喜万分，向总裁表示感谢，并忍不住好奇问了一句："总裁先生，为何您愿意支持我呢？"

电话那头，总裁感慨地说："我今天五十八岁了，论年龄我是你的两倍，论收入我是你的三十倍，可是论存款，我却没有你多。就凭这点，你就令我佩服！"

住友银行总裁没有看错人。从此之后，藤田田迈向他的成功历程，成为亿万富翁。

理财专家的理财秘笈

人们储蓄的目的各不相同，有的是为利息，有的是为存钱。藤田田储蓄的目的是为了创业。理清你的储蓄目的，才能善用存款，避免浪费。

Lesson 11　从无到有

Financial Experts

　　席尔瓦是巴黎一位颇有名气的银行家，但他年轻时，却是一无所有。

　　席尔瓦二十一岁时，进入一家小公司工作，他虽然有志于创业致富，却苦无良机。

　　那时，他有一个习惯，就是下午下班后要到公司附近的一家小酒馆去吃饭，有时还会喝一两瓶啤酒。当时的瓶塞用的是软木塞，最初他习以为常，并不在意。后来，他在旧货市场发现有人在那里回收这种啤酒瓶的软木瓶塞，就有了灵感——为何不把它们收集起来卖呢？

　　有此想法后，他就利用零碎时间收集软木塞，除了去每天吃饭的酒馆收集，也去其他餐馆和酒吧回收。他这个习惯维持了八年，八年后，他收集来的软木塞已堆满整间屋子，这一屋子的软木塞为他换来了八个金路易（法国金币）的回报。

　　席尔瓦就是凭着这八个金路易起家的。他将钱投入股票市场，获利不少。之后他开了一家银行，成为一位知名银行家。

　　席尔瓦逝世后，有财务专家对他的遗产进行评估，竟高达三百万法郎。

理财专家的理财秘笈

席尔瓦借由收集软木塞，换来了创业资金。对于那些想创业却没有本钱的人来说，也需要这样的精神。不管收入多少，都要一点一滴存起来，随着时间，你所累积的财富必定会愈来愈接近自己的期望值。

Lesson 12　起步资金

Financial Experts

曾经有一位年轻人，大学毕业后找不到工作，就被父亲送到印刷厂当学徒。父亲对他说："有了工作就要自力更生。从今以后，你可以继续住在家里，但必须交住宿费。"年轻人觉得父亲的要求太不合理了，因为他最初几个月的薪资，只够支付这笔住宿费。

几年后，当年轻人准备成立自己的印刷厂时，父亲对他说："孩子，现在我将你这几年交的住宿费还给你。你要明白父亲这样做的用意，就是为了让你存下一笔钱，好为将来打算。做父母的怎么会和儿子收钱呢？你现在可以拿着这笔钱，去发展你的事业了。"

握着手中厚厚的一叠钞票，年轻人终于明白了父亲的苦心。

现在，年轻人已靠着这笔起步资金，成为一家大型印刷厂的老板，而他当年的那些同事，到现在仍然是打工一族。

理财专家的理财秘笈

我们经常会发现，有些钱暂时用不着，但不存也就花掉了，这种毫无规划的消费方式容易造成浪费。每月存一些闲钱，持之以恒，若干年后你将拥有创业的起步资金。

Lesson 13　第一桶金

Financial Experts

一九一八年，一战结束后，华特·迪士尼以新兵的身分被派往法国驻守。在部队里，每月的津贴很少，他便自己想办法赚钱。

在他的部队里，有一个绰号"乡巴佬"的战友。这位战友颇有商业头脑，他发现来法国的新兵都害怕战争，却又想得到有战争意味的纪念品，这样他们回国后就能拿来炫耀。

"乡巴佬"就利用这一需求，向他们贩卖自己搜刮来的那些德国狙击手钢盔。钢盔数量不多，很快就卖光了，不过他很难再找到新的钢盔，因为前线的德国狙击手并不多，幸存者也都逃回国了。就在"乡巴佬"为货源苦恼之际，他想起了华特·迪士尼。他知道华特·迪士尼经常在战友的衣服上画假十字勋章，就找他商量："你帮我画一个狙击手头盔，我付你五法郎。"两人一拍即合。

每周，"乡巴佬"都会开车从前线拉一车德国钢盔回来，然后华特·迪士尼就用速干油漆画成狙击手头盔，涂上泥，再用枪打个孔，粘几根头发在孔的边缘。

两人合作大赚了一笔。

华特·迪士尼将赚得的钱都寄回国让妈妈存起来，这笔钱后来成为他的创业资金。

> **理财专家的理财秘笈**

白手起家者在创业前都会为自己累积一笔资金，毕竟做任何投资都需要一定的本钱。

Lesson 14 最简单的存钱工具

Financial Experts

到了年底，有对夫妻在家中大吵一架，原因是没有钱办年货。妻子责怪丈夫不该抽烟，若是把抽烟的钱省下来，他们就有钱办年货了；丈夫责怪妻子不会理财，弄得家里一无所有。

第二年，妻子买了一个存钱筒，每当丈夫买烟时，她就往存钱筒里存入一包烟的钱，一直坚持到年底。

妻子把存钱筒里的钱倒出来数，发现总金额竟然出乎意料的多。夫妻俩办了很多年货，开开心心过了年。

第三年，丈夫决心戒烟，妻子便不再往存钱筒里存钱。这年年底，他们又没有办年货的钱了。妻子想不通："丈夫没抽烟，怎么会没钱呢？"

到底这位丈夫原本买烟的钱，都花到哪里了呢？

理财专家的理财秘笈

照理来说，故事中的丈夫停止抽烟后，应该能省下一笔开销。没想到，他们却还是没钱过年。其实，在现实生活中，很多人都曾面临类似的状况。如果没有储蓄习惯，手边的钱很可能会在不知不觉中花掉。

Lesson 15 储蓄的力量

Financial Experts

有一位英国女士，她的丈夫是个顽固保守的人，他每月都要将十分之一的薪水存入银行，并要求妻子也养成这一习惯。刚结婚的那几年，她对丈夫这种近乎"吝啬"的行为感到困扰。

有几年经济不景气，他们夫妇可是吃足了苦头，丈夫的薪资严重缩水，她也失业数月，最后找到一份收入微薄的工作。那段时间，他们千方百计地节省每一分钱。太太在超市购物时，只买最基本的物品，而且还要精挑细选，挑出最便宜的；丈夫每天上班都要步行二十多条街，只为了省下一元公交车费。

不过，即使生活再困难，他们还是坚持遵守"节省十分之一薪水"的习惯。

这位女士后来承认："有几次急需用钱时，我很后悔将钱存入银行。不过现在，我为我们的储蓄计划感到高兴，因为有这笔存款，我们到了老年还能充分享受人生。"

理财专家的理财秘笈

储蓄是一种良好的理财习惯，即使只有几分钱，存起来总胜过花掉。拥有足够的存款，将来的生活也更有保障。

Lesson 16 贵在坚持

Financial Experts

《纽约时报》曾报道过一名乞丐，这名乞丐可不平凡，他是一位拥有一百万美元的富翁。

当读者看到关于这名乞丐的报道时，所有人都心存疑问："这名乞丐是如何成为百万富翁的？他依靠别人的施舍来维持生活，如何能拥有这么多存款？"

不过，这笔存款的确来之合法，因为它是乞丐用小额存款累积而成的，一美分、一美元、十美元、一千美元……最后终于变成一百万美元。

乞丐就是凭着一点一滴的乞讨和累积，慢慢存到了一百万美元。

理财专家的理财秘笈

致富的关键在于坚持，如同"积土成山、积水成川"。只要将存钱的习惯坚持下去，你就有机会成为百万富翁。

Lesson 17　不要花光

Financial Experts

　　储蓄，不仅是一种理财选择，更是人生的重要规划。如果一个薪水很高的上班族突然失业了，他平日出手阔绰，每月都将薪水挥霍一空，从来没想过储蓄这回事，那么他该怎么办呢？

　　约翰是纽约曼哈顿市的一名业务副经理，他的薪水达数万美元，属于高薪一族。

　　工作多年，他向来在消费上毫无节制，觉得需要什么就花钱购买，经常每到月底就花光所有薪水。有的同事劝他节省点，开个银行账户将部分薪水存起来，以便为将来着想，他却不以为然，只想"今朝有酒今朝醉"。

　　后来，他任职的公司在一次业务中损失惨重，元气大伤，不得不用裁员的方式来度过难关。很不幸，约翰的名字也在裁员名单上。

　　对于突如其来的"炒鱿鱼"，约翰没有任何准备。

　　他失去了工作，因为经济不景气，一时也找不到新工作，不禁开始后悔。

　　他绝望地说："要是这些年来我能存一点钱，哪怕每月只存十分之一的薪资，现在也有一笔不小的存款了。如今我却连一分钱的积蓄也没有，又找不到工作，以后的日子该怎么过？唉，我真是自作自受啊！"

理财专家的理财秘笈

总有人感叹自己没钱，因为他总是花光所有的钱。如果不在生活富裕时开始存钱，一旦意外来临，就真的一分钱也没有了。

Lesson 18 储蓄不等于吝啬

Financial Experts

有一位著名的学者，他的演讲很受欢迎，不过他的出场费很高，少则七八万，高则几十万。学者能有现在的地位和收入，是他辛苦努力得来的。其实，在他年轻的时候，生活相当艰苦。

这位学者大学毕业后，被学校挽留担任助教，他为保障家人的生活，并争取出国留学的机会，就采用了"极限式"的储蓄方法。

他白天在学校当助教，晚上则兼任家教，周末的晚上还去夜校代班，一星期几乎没有休息时间。这几份兼职工作为他带来相当高的收入。

他在生活上也很节俭，一日三餐不是泡面就是面包；为了省下坐车的钱，他特地买了二手脚踏车，每天在城市的大街小巷穿梭。由于过度劳累，他的生活和健康都受到影响；因为饮食不良，他变得愈来愈消瘦，更悲惨的是，与他相恋多年的女友也受不了他的寒酸，决定与他分手。

后来，他终于通过考试，可以到美国求学。当他走在美国大学的校园时，发现美国学生的生活态度相当乐观。他突然体会到，为人生储蓄固然重要，但如果过于吝啬，会失去很多快乐的时光。

理财专家的理财秘笈

存钱的目的是为了更好的生活，如果为此而赔上健康与快乐，存钱也就失去了应有的意义。

Lesson 19　一元储蓄

Financial Experts

　　二战后，日本的各大企业、财团迫于各种原因不得不改名甚至解体，其中就包括著名的财阀三菱银行，它最后也改名为千代田银行。

　　改名后，由于新名字不为人知，银行每天也没有多少客户来存款。业务部的岛田晋为此绞尽脑汁，每天都在想着，该如何吸引客户，后来他想出一个妙招——"一块钱存款"。

　　二战后的日本百业萧条，市面上流通的货币不多，一块钱都很少，这也是没有人去银行存款的重要原因。于是千代田银行贴出了这样的宣传海报：

　　"女士们、先生们，你们一定都想存一笔钱，但在这个人人穷困的时期，恐怕都心有余而力不足。不过，若是你们真的这样想，就请你们带着一块钱来千代田银行吧！用手鞠一捧水，水会从指间流走，而千代田银行就是一个水缸。有了它，从你指间流走的每一分钱都会被存起来，点点滴滴累积，你就会拥有一笔可观的资产。在我们千代田银行，即使是一块钱也可以存。有了一本千代田存款簿，你将感到充实，对未来充满希望。"

　　这幅海报贴出后，许多人都将零钱存进了千代田银行这个"大水缸"里，让千代田银行的营业额开始猛增。也因为这"一元储蓄"的契机，千代田银行开始家喻户晓，成为日本数一数二的大银行。

理财专家的理财秘笈

　　"一元储蓄"对千代田银行来说是一项营销策略，但对社会大众而言，却不失为理财妙招。

Lesson 20 积谷防饥

Financial Experts

古代有一位妇人,她每次煮饭的时候,都会从准备放入锅中的一勺米中抓出一小把,放入一个特别的水缸里。

有一次,她的邻居看到了她这种行为,就讥笑她说存心不想让丈夫和孩子吃饱饭,但这位妇人听而不闻,依然坚持这种做法。

第二年,发生了接二连三的旱涝灾害,庄稼损失惨重,严重歉收,很多农家都没有粮食填饱肚子,但这位妇人家却因为水缸里积蓄着大量的米,一家人得以顺利度过饥荒。

理财专家的理财秘笈

在很多人的观念中,理财就是炒股、买寿险等,其实这是很狭隘的想法。所谓理财就是"管理财产"。对一般人而言,理财主要是有计划地分配家庭收支,做到"积谷防饥",在关键时刻能有余钱救急。

五月 May
理财专家的投资技巧

金钱要流通才能增值,投资是获得财富的必要手段。懂得理财的人,必定能让钱生钱、利滚利。从此刻开始,请善待你的资本,让它快速流通。

Financial Experts

Lesson 1 做好全面准备

Financial Experts

条井正雄原本在一家银行工作,担任贷款股长一职,负责为各大饭店旅馆办理贷款业务。在十年的工作中,他累积了很多旅馆经营知识,也萌发了自己投资经营旅馆的想法。为了能够策划出更加完整的经营方案,让自己投资的旅馆更有吸引力,他开始对冈山市的游客进行调查,结果显示——百分之九十八的游客都是因商务而住房的。接着,他又调查汽车来往的情况,经过三个月的调查,他发现每天的汽车流动量都超过一百辆。同时,他也发现,当时冈山市的所有旅馆中,停车场设施都不够完善。于是,他在规划旅馆时想,自己的饭店不但要具有商业风格,还必须具备完善的停车场设施,并以此当做吸引游客的亮点。

一年后,他花费大量心血和精力绘出几张饭店设计图,并拟定一份投资经营计划。然后,他拿着设计图纸和计划书来到本市最大的建筑公司,希望他们投资建饭店。

主管看了他的设计后,问:"你想用多少资金来盖这栋大楼?"

条井回道:"我现在没有钱,不过我想先请你们帮我建大楼,等我的饭店开业后,我会按照分期付款的方式把建设费用还给你们。"

主管气愤地说:"你这是在戏弄人吗?拿着设计图回去吧!"

"我花了两年的时间设计这个饭店,我认为这是一个很完美的设计方案,足够吸引所有人的注意,请你们好好研究一下,看它值不值得投资。"说完,条井就放下图纸离开了。

一星期后,建筑公司的人突然约条井商谈盖楼细节。条井用八个小时的时间一一回答了董事们的问题,成功地让建筑公司用两亿日圆的投资帮他盖了饭店。

理财专家的理财秘笈

投资之前要做足准备,搜集相关的知识和数据,并分析自己的成功机会。

Lesson 2　浪费小钱，损失大财

Financial Experts

　　张先生是一家公司的部门经理，月薪八万元，是高收入人士。他有个习惯，就是每周都会花八百元购买彩券。对他来说，只要花八百元的小钱，就有机会得到五百万大奖，实在是一笔超值的投资。

　　从他第一次购买彩券，到现在已经七年了，买彩券俨然成为他的消费习惯。张先生坚信，只要持续购买，总有一天能中大奖。

　　不过，这七年来，他只中过五次奖，其中奖金最多的一次也只有五千元。如果把他七年买彩券的金额累积起来，数目却相当惊人：一年五十二个星期，每星期花八百元，一年就花了四万一千六百元，七年总计花费二十九万一千两百元，减去五次中奖的奖金一万五千元，表示他在彩券上总共浪费了二十七万六千两百元。

　　虽然不曾中大奖，张先生丝毫没有打消买彩券的念头。他相信只要怀抱希望，幸运之神一定会眷顾他。

理财专家的理财秘笈

有些人把购买彩券视为一种投资，这是相当不可靠的。从张先生的例子可以看出，买彩券的投资收益几乎是零。如果他把这二十七万六千两百元用来投资基金，七年后或许能获得大笔收益。可惜他不重视小钱，因而损失了大财。

Lesson 3　创业的资本

Financial Experts

张大华的求学过程很顺利，从小就成绩优异，一路念到国立大学，毕业后进入一家科技公司，月薪三万元。他在学生时代便交了女朋友，两人感情很好，毕业一年就论及婚嫁。

他们打算买房子，但如今房价高涨，刚入社会的年轻人哪有钱买？还好爸妈决定提供四百万给张大华，这笔钱足够他买房子。

结婚前一个月，张大华就和未婚妻到处看房子，最后看中一户两房一厅的公寓，价钱是八百万台币。他用爸妈的四百万，再贷款四百万，买下这栋房子。

买了房子后，他们办了一场盛大的婚礼。两人婚后过了一段幸福的日子，但没过多久，张大华就开始愁眉苦脸。

原来，他的一位大学同学有个不错的投资机会，找他们几个好朋友商量，每人出资两百万来合伙创业。张大华很想投资，但是他资金不足，因为已经有了房贷，也无法再获得贷款。

张大华只好眼睁睁看着朋友的公司愈做愈大，第一年就赚了三百万，且公司持续扩张。而他只能待在原本的公司，高不成、低不就，没有加薪也没有升迁。

张大华现在陷入迷茫，不知自己该往哪里发展。他开始后悔，当初真不该一下花光那四百万，导致现在空有创业热情，却缺乏创业资本。

理财专家的理财秘笈

房子虽然是必需品，但不见得是急需，尤其是在钱财不充裕的时候。如果有更好的投资方案，不妨先把资本用来创业。

Lesson 4 抓住空白点

Financial Experts

林俊鑫是一个穷苦的农民。有一次,他想买几个小衣架来挂衣服,但是跑遍全县城,始终没能买到。一个售货员对他说:"衣架算是小商品,没什么利润可取。这种没有利润的商品,不但工厂不愿生产,就连商店也不愿进货。"林俊鑫知道原因后,愈想愈疑惑,他说:"衣架是不可或缺的生活用品,很多人都需要吧!"售货员却摇摇头,没再多说什么。

在回家的路上,林俊鑫不停地想着:"衣架的确是民生必需品,既然工厂不愿意生产它,商店不愿意经营它,表示市场上出现了'空白点'。如果我能抓住这个空白点,应该可以赚钱。"

回到家后,林俊鑫买了很多铁丝和塑胶管,开始大量生产衣架。衣架的结构简单,制作起来也不费劲,他只花四天就做好两千多个,并把它们投入市场。那些像他一样到处买不到衣架的人,纷纷前来向他购买。衣架被抢购一空后,更有许多人向他订购。批发商和商店看了,也陆续前来订货。

尝到甜头的林俊鑫,紧抓着市场空白点不放,不断改良衣架构造,迎合消费者的需求。后来,他成立了工厂,不但动员家人一起加入,还雇用村里的朋友,让大家一起致富。

理财专家的理财秘笈

市场范围无限大,一定有某些"空白点"。如果能抓住它们,创造自己的市场,便能找到发财之路。

Lesson 5 小哨子赚大钱

Financial Experts

日本有一家很奇怪的公司，全公司只有七名员工，只生产"哨子"这项产品。然而，这些看似不起眼的哨子，每年竟能为公司带来七千万美元净利。

为什么这样没有名气的小公司，能够创造如此大的利润呢？

原来，这家公司虽然只是生产哨子，却不是毫无目的的生产，而是做到了"精"和"专"。该公司聘请三百多位专家来研究哨子，设计出上千种不同的种类和款式，迎合了市场上各式各样的哨子需求。例如：世界怀足球赛裁判员的哨子、美国员警的哨子、马戏团训练狗所用的无声哨子……

不过，这些哨子的售价也超乎人们想像，最贵的竟然高达两万美元，难怪公司每年有那么高的利润。

理财专家的理财秘笈

小投资也能赚大钱。的确，只要在自己熟悉的范围内，将生意做精、做专，同样可以把事业做大。就像故事中这家公司，能把哨子做到最精、最好、品项最多，最终垄断哨子市场，获得极大的效益。

Lesson 6　创造赚钱的市场

Financial Experts

中山洋介是靠土地起家的日本富商。最初他和别人一样一无所有，只是多了一颗不服输的心和善于经商的头脑。

房地产虽然利润很高，但风险同样也大，没有足够的资金做后盾，只能眼睁睁看着别人成功。面对这样的现状，中山洋介不但没有悲观失望，反而决定从租用土地这一领域开创自己的事业。因为他发现——日本的土地很宝贵，很多人想建工厂，但没有足够的资金购买土地，然而，却有大批土地因位置不好而被闲置。如果能从这方面着手，创造市场供需，以"租用土地"取代"购买土地"，那么租用土地的企业方和土地拥有方都能从中受益，而自己只需扮演中介的角色就可以了。

想到这里，中山洋介开始行动。他先找来那些闲置土地的持有者进行谈判，提出土地改造的提议。土地持有者正因土地出售困难而发愁，见有人愿意开发，便表示愿意接受提议，有些人甚至还做了股份投资。接着，中山洋介成立洋介土地开发公司，专门向那些没钱购买土地的工厂推销土地。很多工厂厂主也正因缺乏资金买地建厂而一筹莫展，得知竟然可以低价租用土地建厂，很快便与中山洋介签订合约。

准备工作完成后，中山洋介开始贷款建房，并采用分期的还款方式。之后，他从租用厂房的企业主那里收取租金，将代办费用和厂房分摊偿还金扣除后，剩下的全部给予土地持有者。除去修建厂房所花费用，他的利益便是从土地租金和厂房租金的差额中所得。

中山洋介成为工厂主和土地持有者之间的媒介。这项做法也因创意新颖，吸引了大量的参与者。在他投资的第一年就大量获利。

理财专家的理财秘笈

聪明的头脑就是最值钱的赚钱工具，对缺乏资金的人来说尤其如此。投资者要考量买卖双方的立场，靠着一定的技巧，使两方得以连结，便能从中获利。

Lesson 7 无须事事听专家

Financial Experts

李明建退休后开始注重养生之道,甚至到了痴迷的程度。不过,李明建的养生之道很保守。在他看来,养生和理财一样,都要听从专家的指示。

李明建根据养生专家的建议,自己订了一套养生计划:

每天起床前,要先在床上做九十九下"叩天钟",不能多也不能少;起床后出去散步,必须走九百九十九步,一步不能多,一步不能少。

李明建的每项安排都有着固定的方式和次数,而且执行时要风雨无阻,因为他坚信专家是权威人士,说的都是真理。

有一天,李明建的同事来找他合伙投资,说:"我听说竹床对身体有益,现在的人愈来愈注重健康,不如我们投资成立一家公司,生产折叠式竹床。"李明建从没听养生专家说过竹床有益健康,一脸不屑地说:"我怎么没听说?养生专家怎么没提过?要是真的有用,养生专家早就开始推广了。"同事见他不听劝,便另找合伙人。

一年后,这位同事销售的折叠式竹床既环保又养生,而且方便携带,深受广大民众的喜爱,赚得丰厚利润。李明建听说后,后悔自己白白错失了赚钱良机。

理财专家的理财秘笈

很多人都有李明建这样的心态,认为专家的可信度较高,便不在意身边其他人的建议。不过,如果大家都听专家的,可能会造成市场过度竞争,利润也跟着缩水。

Lesson 8　高瞻远瞩

Financial Experts

奥纳西斯是一名贫困的希腊百姓，为了生存，他千里迢迢来到南美洲的阿根廷。在这里，他做过很多别人不屑做的杂工，还做过淤草经营等商贩生意。虽然历经了各种磨难，但他从中受益颇多，最关键的是学会了准确分析事物，判断发展趋势。

一九二九年，美国爆发了经济危机，随后，其他国家也纷纷卷入危机漩涡。在这场危机中，不但阿根廷经济严重受挫，工厂倒闭、工人失业，就连当时发展最稳定的海上运输业也未能幸免于难。其中，受挫最严重的是加拿大国营运输公司。为了顺利渡过这个难关，该公司开始对旗下的各种产品进行低价拍卖，甚至将十年前价值两百万美元的六艘货船，以十二万美元的价格拍卖。

听到这个消息后，奥纳西斯知道这是一个千载难逢的好机会，几年后自己必能从中获利，便拿着自己的所有积蓄和从朋友那里借来的钱，来到加拿大准备购买这几艘货船。

然而，当时海上运输业确实是一片惨淡，一九三一年的海上运输量只占一九二八年的百分之三十五，连那些著名的海上专家都不知道该如何解决这一问题。奥纳西斯却一反常态的选择在此时大量购买货船，朋友们都不支持他，认为他是飞蛾扑火。

奥纳西斯却说："在这场危机中，我看到了经济的发展规律，相信过不了多久，经济很快就会复苏，甚至快速发展，物价也会上涨，海上运输业就能发展起来。"

果然，经济的发展趋势按照奥纳西斯所说的运行，经济危机结束了，各行各业都在复兴，海上运输业的发展尤其明显。因此，奥纳西斯低价买进的货船也大大增值。他抓住机会，乘机发展自己的海上运输业，随后又将目标锁定世界上的各大航线，一路披荆斩棘，成为世界海洋运输业的领军者，最终赢得"世界船王"的称号。

理财专家的理财秘笈

成功的商人在投资时，除了头脑精明、吃苦耐劳之外，更要目光长远，凡事站在一定的高度看，准确判断事物的发展趋势，抓住机会选择正确的投资项目。

Lesson 9 一成不变陷困局

阿迪达斯是一个德国运动用品制造商。上市之初，以做工精良、款式新颖吸引了众多运动员，很快便掌握了整个运动鞋市场。创办人阿道夫·达斯勒见到这个情形后，变得骄傲自满，觉得无人能与自己抗衡，便不再关注市场变化和需求。后来，美国开始盛行跑步等运动，市场对运动鞋的需求急剧上升。然而此时，达斯勒根本不重视这块新兴市场，仍旧坚持原来的发展战略，不但不扩大投资生产，也不去美国市场推销自己的产品。结果，其他厂商因及时行动，不仅占据了美国这个广阔的市场，还占领了南斯拉夫和远东地区的运动鞋市场，而阿迪达斯就这样眼睁睁地看着这个原本唾手可得的市场被竞争对手抢走。

达斯勒不仅不重视市场变化，对于竞争对手的变化也置之不理，一直都用不变的眼光来看待一切。当耐克公司效仿阿迪达斯树立品牌、借用名人效应等发展策略时，达斯勒非但不予以重视，反而嘲笑耐克公司，说它是徒弟，自己这个当老师的是不会计较的。结果，耐克公司不但将学来的知识发挥得淋漓尽致，还反过来与阿迪达斯竞争，抢占市场。

慢慢地，阿迪达斯的市场被耐克蚕食鲸吞。当耐克拥有了不容小觑的市场占有率时，达斯勒才惊觉一成不变的发展策略是错误的，连忙开始研发新产品，对美国市场进行倾销。然而，一切都为时已晚。

达斯勒一成不变的发展方针让耐克夺去了阿迪达斯至少三分之一的市场，阿迪达斯也损失惨重。

理财专家的理财秘笈

投资最忌一成不变，因为市场是瞬息万变的。墨守成规，不随着市场的变化做出改变，只能一次次错失机会和市场。想让资本快速增长，必须学会做"墙头草"，随着市场的变化而变化。

Lesson 10　先人一步

Financial Experts

一八〇四年，犹太巨富罗斯柴尔德指派他的三儿子南森到英国伦敦发展。当时正值拿破仑战争时期，南森凭着自己的商业眼光做起了债券和股票生意，很快就发了财，成为伦敦证券交易所的重要人物。一八一五年，他已经成为伦敦举足轻重的银行巨头。

一八一五年六月十八日，英法两国在比利时布鲁塞尔附近展开了滑铁卢战役。这场关系到两国命运的战役，引起了国际社会的空前关注，伦敦证券交易所的每一位投资者也都十分紧张。英国公债的持有者都希望英国获胜，这样他们就能从公债暴涨中获利。他们都想抢先得知最新的战况。如果英国胜利了，他们就大量购入英国公债；如果英国失败了，他们就大量抛出英国公债。

但是南森却按兵不动，等待着家族情报网的最新消息。罗斯柴尔德家族早在战前就建立了自己的专用情报系统，其效率、速度和准确性都超过英国政府的情报系统。在六月十九日清晨，南森就已经知道拿破仑战败的消息，为了获得更大的利益，南森开始大量抛售英国公债。南森以自己的影响力，让交易所的其他投资者都以为是英国战败了，大家都毫不犹豫地抛售英国公债。于是英国公债暴跌，票面价值仅剩百分之五。这时，南森又开始大量低价买进市场上能见到的每一张英国公债，众人都感到疑惑。

六月二十日清晨，英国官方宣布了英国获胜的消息，英国公债开始持续暴涨。由于比其他投资者早一天知道消息，南森获得了巨额利润，成为英国政府最大的债权人。

理财专家的理财秘笈

资讯是市场的风向标，掌握最新的、足够的资讯，可以使投资者先人一步、拔得头筹。

Lesson 11　黄金投资

Financial Experts

　　黄金是一种独立的资源，它的价值是永恒的，这使得黄金投资成为安全投资的一种手段。

　　丁诗绮和林筱婉是大学同学，毕业后又在同一家公司工作，所以她们的感情像亲姐妹一样。两人平常一起工作，一起逛街，就连投资也共同选择了黄金。

　　不过，丁诗绮选择的是实体黄金，而林筱婉选择的是"纸黄金"。丁诗绮以每克一千五百七十二元的价格，用四十万元买了两块金条，林筱婉则用二十万元向银行买了"黄金存折"。

　　两个人一起讨论投资的事情，丁诗绮对林筱婉说："金条放在家里，我每天都提心吊胆。还是你的办法好，不用担心安全和转手的问题。"林筱婉却说："这不是最重要的，我最担心的是黄金的价格。虽然现在还在涨，可是能涨多久呢？有涨就有跌，什么时候会跌呢？"

　　没过多久，黄金价格就开始下跌了，从强劲时的一千五百九十六元一克，一下子跌到了一千四百九十三元一克。为此，丁诗绮和林筱婉都很苦恼。但是，经过反复思考后，她们认为黄金的价值是永恒的，还是按兵不动比较好。过了一段时间，黄金价格果然开始慢慢回升，两个人的心也平静下来。经过这次事件，她们两人觉得黄金的保值功能使投资相对安全，也十分看好金价未来的涨势，于是决定长期持有自己的黄金。

理财专家的理财秘笈

　　在进行黄金投资时，应根据个人的经济能力和喜好选择投资类型；面对金价波动时，务必谨慎、理性，切不可盲目跟风。

Lesson 12　要有投资意识

Financial Experts

这是一个关于猴票的故事：

王浩宇和赵致远年纪相当，他们两人既是同事也是邻居，住在公司的宿舍里。

三十年前的一天，两人在王浩宇家吃过饭后，赵致远从袋子里拿出一叠邮票说："你看，这是今年刚发行的猴票，非常有纪念意义，以后一定会升值的。你要不要买几张？"

王浩宇接过邮票看了一眼，原来是一只黑到发亮的猴子，也没什么特别的，就对赵致远说："只是猴子而已，就算升值也升不了多少的。我最近要写信给家里，就买几张用用吧！"

赵致远说："这些邮票还是用来收藏比较好，你既然想买的话，我这五版都给你，我再去买。"

王浩宇仔细一算，一版邮票有八十张，每张一块钱人民币，五版邮票是四百元。可是他每个月薪资还没有这么多呢！要是买这几版邮票的话，他两个月的所得就没有了，怎么吃饭呢？于是他决定不买了。

赵致远说："兄弟，我是为你好，这些邮票以后一定会升值，你再考虑一下吧！"

王浩宇说："如果买了邮票，我这两个月怎么吃饭呀？你不要害我，我坚决不买。"

赵致远只好说："那我就自己留着了，以后这些邮票升值了，可别怪我没有提醒你。"然后摇摇头回家了。

三十多年后,赵致远已经住进了洋房、开起了汽车,而王浩宇还住在破旧的宿舍里,骑着脚踏车,靠着死薪水过活……他心里很不平衡,但是也无法改变现状。一次偶然的机会下,他才知道当年的那些猴票已经是珍贵的收藏品了,每张的价格高达一万多块,而那些保存完好的整版猴票,标价已超过两百万元。

　　"如果当年买下那五版邮票,现在就不是这样了。"这时,他实在悔恨当初错失良机。

理财专家的理财秘笈

因为几张小小的猴票,让两人的生活产生巨大差距。随时保持理财意识,才能适时抓住机遇,让自己拥有更多财富。

Lesson 13 增值离不开投资

Financial Experts

一位富商去世之前，把所有的家产平分给两个儿子。兄弟俩都很喜欢金子，于是他们把所有的地产、房产等都换成了金币。

大儿子是个典型的守财奴，十分吝啬。他想拥有更多金钱，但又怕做生意会损失他的金钱，所以他把所有的金币都埋在自家的后院里，并常挖开看看金币有没有减少。

小儿子十分喜欢做生意。他用自己的一部分金币收购了大量香料，再把它们转卖到其他地方。几年过去了，他的金币已经变成原来的好几倍。这时，他却把原来卖出去的房产和地产都买了回来。原来，在做生意的几年中，他渐渐明白父亲当初把所有钱都换成房产、地产的原因，因为只有这样做，财富才能保值、增值。

老大十分不理解弟弟的做法，就问他："你把房产、地产都买回来，你不就没有钱了吗？"弟弟只是说："大哥，你跟我来。"

弟弟带着哥哥来到他的密室里，老大看得目瞪口呆。满屋子的金币晃得他睁不开眼睛。他怎么也想不通，"弟弟怎么会有这么多金币，难道他的金币会生金币吗？我把金币埋在地里也没有生出更多呀！"

理财专家的理财秘笈

金钱的真正价值在于使用和流通。死守金钱而不使用，财富也就失去了应有的意义。金钱的增值离不开投资，投资是让财富增加最直接的方法。

Lesson 14　找到适合自己的投资方式

Financial Experts

在经济快速发展的今天，大家都热衷于投资理财，基金也成为个人理财中一项重要工具。

李先生非常善于理财，经常向朋友和同事推荐好的基金，因此被大家戏称为"李老板"，但以前的他也是理财"菜鸟"。

最初，"李老板"在朋友的建议和指点下，选择了基金作为自己的理财工具。但是盲目跟风，让"李老板"错失许多机会，也赔了不少钱。

后来，他开始自己寻找合适的基金。许多新入市的投资者都喜欢净值低的基金，"李老板"也是如此。在寻找新基金的过程中，"李老板"投资了这类基金，但是在实际操作中，他发现净值高低，不是选择基金的唯一标准，还要看基金未来的成长能力。

时间久了，"李老板"愈来愈了解基金的情况。他也十分注意基金的净值变化和排名情况，以便发现好基金。他自己赚了钱，也经常向朋友和同事推荐基金，指点他们理财。

由于股票的收益较高，"李老板"也开始购买股票。但是股票相对起来，波动更大、风险更高，"李老板"被股票的涨跌弄得整日提心吊胆，大半年的时间里总是快进快出，无法长期持有，因此炒股的收益远远不及他购买基金的收益。他认为自己并不适合投资股票，所以继续选择基金这种长期稳定的理财工具，以确保收益。

理财专家的理财秘笈

投资是一门学问，在花样繁多的工具中找到适合自己的方式非常重要。别人的投资建议或许有用，但是"如人饮水，冷暖自知"，适合自己的才是最好的。

Lesson 15　投资自己熟悉的领域

Financial Experts

邵先生一直在自己熟悉的领域进行投资。他认为只有自己熟悉，才能正确预测未来的市场行情。

因为工作关系，他常能接触到刚出厂的低价宝石，只要投入很少的钱，就能获得好几倍的利润。他几年前低价购入的一些宝石最近都以高价出售了，他因此获得数倍的利润。最近这两年，他选择价格十万元以下的宝石进行投资。

几年下来，邵先生并没有被股票、基金等高收益的投资产品吸引，还是继续投资宝石。他认为，随着人们消费水准的提高，宝石市场的前景一定很好。

后来，经过对市场的一番调查和分析，邵先生决定投资实业，他也因此成为某珠宝店的股东。邵先生利用自己对珠宝市场的熟悉和信心，找到了最适合自己的投资方式。

理财专家的理财秘笈

每个人都应该投资自己熟悉的领域，这样不但能更加得心应手，还可以有效避免风险、降低损失。

Lesson 16　高收益的理财方式

Financial Experts

　　知名理财专家黄培源，常常在演讲时向观众提出这个问题：

　　"如果一个刚出社会的年轻人，每个月从薪水中拿出一千两百元，那么他一年可以存一万四千元。假设他把存下来的钱投资到股票或房地产上，而且平均每年都可以获得百分之二十的收益，那么四十年后的他可以累积多少财富？"

　　观众们所猜的金额都不超过一千万元，大部分都猜几百万。黄培源却告诉他们："根据财务学计算复利的公式，算出来的正确答案是一亿两百八十一万！"所有人都很惊讶，如果按照这个公式计算的话，一个人从二十五岁开始投资，四十年后，当他六十五岁退休时，已经是亿万富翁了。也就是说，每个年轻人只要坚持投资，都有可能在有生之年成为亿万富翁。

　　黄培源还说："财富竞赛的胜负关键，不在起跑点，而在于选择哪条跑道。"将钱存入银行固然安全，却不是致富之道。只有选择高收益的理财方式，才能拥有更多财富。

理财专家的理财秘笈

改变我们的理财观念，选择高效益的投资方式，将会给自己带来更多收获。能不能成为亿万富翁并不一定，但是绝对有所收获。

Lesson 17 多想几步

Financial Experts

世界旅馆大王威尔逊在创业初期只是一个小商人。二战结束后，美国百废待兴。威尔逊发现地价很低，但是战后人们都比较穷，所以做地皮生意的人很少，他便决定开始做地皮生意。朋友们认为美国经济低迷，做地皮生意没有发展前景，都反对他这样做。他却认为美国的经济很快就会繁荣起来，之后一定能赚钱。

经过多方考察和分析，他用手头上所有资金和部分贷款，在市郊低价买下一大块地皮。这块地皮紧临密西西比河，地势低洼，长满了荒草，一直无人问津。他的这一举动也引起了家人的反对。但是威尔逊坚信，随着美国经济的复苏和发展，城市将会不断扩大，他买的地皮一定会升值的。

当时大家都不看好他的选择，可是三年后却是另一番光景了。城市的马路已修到威尔逊的地皮附近，愈来愈多人发现这个地方风景宜人，是个避暑的好地方。很多商人都看中这块地皮，它的价值倍增。但是威尔逊没有卖给任何人，他打算自己盖一间旅馆。

他在这块交通方便、风景优美的地皮上盖了一间汽车旅馆，并命名为"假日旅馆"，相当受欢迎。后来，威尔逊又陆续在各地盖起这种旅馆，并成为"世界旅馆大王"。

理财专家的理财秘笈

投资者一定要有远见，别人想到一步时，你最好能想到五六步。远见和卓识可以助你成就财富梦想。

Lesson 18 债券之王

Financial Experts

比尔·格罗斯超常的智慧和三十多年的债券投资经验，使他在全球债券领域拥有"债券之王"的称号。

比尔·格罗斯在一九九六年用百分之二十的资产投资了外国债券，获得丰厚的收益。后来，他开始投资国库券，成功避开了一九九八年因为俄罗斯债券到期不能兑付而引发的全球证券市场动荡，而且获得了丰厚的投资回报。二〇〇〇年时，他认为美国的经济将要衰退，便将手中的公司债券大量抛出，并购入大量国库券和政府支持的住房抵押债券，因此在政府回收债券时获得了巨额收益。

二〇〇一年时，他敏感地预见美国经济将在九一一事件后逐渐接近底部，立刻大量购入AT&T、福特、GMAC等大公司的债券，许多投资者也纷纷跟风购买。这使他新购入的五十亿美元公司债券立刻升值了两亿美元。二〇〇一年底时，他又精确的预测到美联又一次消减利率的情况，在大家都激动不安时，他已经在消息发布的前一天做成一笔十万份欧元的买卖，并在这一天的时间里赚了一亿美元。虽然获得了全面的胜利，但比尔·格罗斯的公司没有传出任何庆祝的声音，大家都在认真工作，他的工作团队也非常有凝聚力。

他一直认为在瞬息万变的债券市场中，存在着数学的精确。他用一系列数学公式，计算出利率对债券的影响，发现长期债券比短期债券更划算，他也总能让自己的利润最大化。

理财专家的理财秘笈

比尔·格罗斯三十多年如一日的勤奋工作，加上超常的智慧，使他在债券市场运筹帷幄，树立了无人能及的影响力。

Lesson 19 投资不同，收益不同

Financial Experts

　　盖尔和杰克是大学同学，毕业后两人来到同一家公司工作。他们的职位和薪水都一样，两个人生活节俭，每年所存的金额也大致相同。但是盖尔把每年的储蓄都存在银行，杰克却把那些钱投入股市。

　　由于理财方式不同，四十年之后，盖尔和杰克退休了，他们过着截然不同的生活：

　　盖尔靠着几万元的存款过活，杰克却已经成为百万富翁。盖尔一直很疑惑，他们两个人在相同的条件下，赚的薪水一样多，存的钱也一样多，杰克能成为百万富翁，而自己却连房子也买不起。他想："杰克一定是中了什么大奖吧！"

　　穷人想不通富人的财富来源时，只知嫉妒，却不懂得反省自己贫穷的原因。

理财专家的理财秘笈

保守的储蓄与积极的投资，二者产生的效果当然是不同的。想要拥有更多财富，就必须培养积极的理财观，通过投资，让资金在运转中增加。

Lesson 20 与人合伙须谨慎

Financial Experts

赵女士是一个重情重义的人,她的朋友张女士想和她借三十万开间美容院。张女士当初说是邀她入股,会给她分红。赵女士心想,这笔钱反正存在银行也没多少利息,既然大家是朋友,她要用就先拿去吧!

张女士本来邀请赵女士参与管理,但赵女士对美容院没什么兴趣,她就说:"反正大家是熟人,一切都交给你管吧!如果忙不过来,我再去看看。"就这样,张女士就从赵女士手中拿走了钱,两人没有签任何协议,也没有借据。

第二年,美容院的生意还不错,张女士却一直没有提分红的事。赵女士心想,大家都是朋友,她迟早会给我的。

没想到,一直过了两三年,张女士始终没有提起分红。赵女士终于忍不住,开口向她要这笔钱。结果,两人为钱的事而撕破了脸,张女士还以赵女士没参与管理为由,不肯给她分红。

还好张女士最终归还了赵女士的三十万。可惜的是,赵女士本来想赚笔小钱的,结果钱没有赚着,却失去了朋友。

理财专家的理财秘笈

任何投资都需要谨慎,哪怕是与最好的朋友一起投资。在入股之前,最好先咨询专业人士,或多看一些相关书籍。最重要的是,一定要签订合约,把所有相关条件说清楚。

Lesson 21　让财富源源不断

Financial Experts

从前，有两个人分别住在相邻的东山和西山上。两山之间有一条河，每天两个人都会下山去挑水，时间久了，两人便成为好朋友。

三年的时间很快过去了。

突然有一天，住在东山的那个人没有下山挑水，住在西山的那个人也不在意，以为他睡过头了或者临时有事。不过，一个月过去了，东山的那个人一直都没有下山挑水。住在西山的那个人终于忍不住，心想对方也许生病了，便去东山探望这位朋友。

当他看到朋友正在打太极拳时，简直无法相信自己的眼睛，这是一个月没有喝水的人吗？他便问道："这一个月你都没有下山挑水，我还以为你生病了。现在看你生龙活虎，难道你不需要喝水吗？"

住在东山的人说："我当然需要喝水，只不过我不用再下山挑水了。你跟我来。"他带着住在西山的那个人来到后院的井边，对他说："你看看这口井。三年来，每天我都会来挖这口井，现在终于挖出井水了。我们现在还年轻，可以自己去挑水，等到老得走不动了，谁会为我们挑水呢？所以，不管有多忙，我每天都会坚持挖井。现在，我也有更多时间做自己喜欢的事情了。"

理财专家的理财秘笈

故事中，"挑水"可说是我们每天的工作，而"挖井"就是去投资。工作之余从事投资，不但多了一条财路，也多了一份保障，即使将来不能再工作，至少还留有一口"井"。

Lesson 22 理性投资

Financial Experts

赵女士和先生刚结婚的时候，收入不多，只能租房子住，生活很拮据。为了将来能有好的生活，他们决定先买房子再生孩子。经过四年的艰苦打拼，他们终于买了房子，乔迁新居后，两人也有了孩子。

在理财方面，充当"家庭财务长"的赵女士一直坚持理性投资。她倾向投资股票，但从来不买题材股、黑马股，而是购买一些绩优股。她说："购买这样的股票，如果达到预期收益我就卖掉，如果没有就等着分股利。"她依靠这种投资方法，获得了很可观的收益，而且从无亏损。

在进行投资的同时，赵女士也为家人购买了一系列的保险。她为自己和先生买了重大疾病险、防癌险、住院医疗险和意外险，也为孩子买了储蓄险。

现在，赵女士也开始投资房地产。虽然整体发展看似乐观，但是她也只是小作尝试，十分谨慎。

理财专家的理财秘笈

投资理财务必理性，不要做没把握的投资。另外，购买保险也可以使资产获得保值和增值。

Lesson 23　房产投资不要随波逐流

Financial Experts

二〇〇三年时，吴正杰打算买房子。他希望房子大一些，交通也要方便。但是他看了许多房子都不是很满意，一直没看到合适的选择。

没过多久，房价就开始上涨。到了二〇〇五年，吴正杰不得不加紧看房的脚步，他把目标锁定在房价相对便宜的郊区。他几乎看遍了那里所有的建案，还是没有找到满意的房子。

他奔波了三年都没有买到房子，而此时房价还在一路飙涨，他不得不停下来仔细评估，并且做了一份详细的理财计划。

他想："如果现在买房子的话，就只能一辈子当'房奴'了。在自己人生的黄金时期，应该好好干事业，不能只为一栋房子疲于奔命。"

虽然别人都说房价还会上涨，但他始终相信，涨到一定限度后，还是会下跌的。既然还没找到真正适合的房子，还是不要盲目下手。

理财专家的理财秘笈

在房地产投资中，盲目跟风、随波逐流的情况十分普遍。一些人可能会担心不断攀升的房价会让自己愈来愈买不起房子，就想趁着房价还没有高到一定程度时赶紧下手。但如果目前的经济能力不允许，很可能造成自己负担过重，这就是盲目投资。

Lesson 24　眼光独到，机遇多多

Financial Experts

　　李美云是一个记者，她自认没有什么赚钱高招，却被大家称为"理财专家"。这是为什么呢？原来，她长期观察财经市场，根据市场的变化趋势制定理财计划，因而获得了丰厚的利润。

　　李美云在股市上有很好的收益。她在关注财经市场的过程中，发现股市动荡加剧，可能会有风险。而在这之前，她投资股票的收益率已经达到百分之七十左右，所以秉着知足的心态，果断地退出了股票市场。没过多久，股市开始下跌并一发不可收拾，而李美云已全身而退，这让很多股市行家感到汗颜。

　　在房地产市场上，李美云也有精彩表现。房价持续低迷时，众人都持观望态度，而李美云却购买了一间新房。因为她长期观察房地产市场，认为房价走高的趋势不会变，而且她当时也考虑换房子，所以立刻出手了。结果，没过多久，房价又开始了新一轮的狂涨。继股市全身而退后，李美云又在房市上做出了最佳选择。

　　李美云就这样成为大家口中的"理财专家"，她的经历也令人羡慕。

理财专家的理财秘笈

李美云以独到的眼光和稳健的原则进行投资理财，得到不错的收获。其实，只要拥有一双善于发现的"慧眼"，就能在复杂的投资环境中找到机遇。

Lesson 25 拓展财富途径

Financial Experts

刘妈妈是个上班族,工作稳定,收入也不错。现在刘妈妈最大的希望就是通过投资来迅速累积资产。

对于投资,刘妈妈其实是个先行者。早在二十一世纪初期的时候,她就开始投资房地产。几年下来,她就拥有第一桶金。随后,她的生活条件变得愈来愈好,银行中的存款也愈来愈多。

后来,听说股市行情不错,刘妈妈又投入一笔钱进入股市。因为担心遇到风险,于是见好就收,及时撤出了股市。刚好,这时有个朋友打算开店,急需一笔资金,刘妈妈就以合伙人的方式为他提供了这笔资金,年底得到不少分红。

现在的刘妈妈,不但能持续获得分红,而且还多了一个新的爱好——集邮。这个习惯是跟儿子学的,原本只是好玩,后来才发现这也是一种赚钱途径。

因为投资方式很多,刘妈妈轻轻松松就年入百万,年收入比很多高薪人士还高。

理财专家的理财秘笈

许多中年人手中都有一定的资金。不过由于生活压力,他们投资的目标就是快速实现资产增值。根据专家的建议,可进行多渠道投资,增加收入途径。

六月 June
理财专家要洞察商机

对理财高手来说,财富无处不在,关键在于你能否抓住机遇。机遇可以改变人的一生,如果有好的机遇,财富就会像雪球一样愈滚愈大。因此,我们要培养善于发现机遇的慧眼,并且在发现机遇之后,紧紧抓住。

Financial Experts

Lesson 1 机遇需要抢占

Financial Experts

　　一九八三年某天,一位在美国的温州华侨打电话告诉两个亲戚:"据可靠消息,美国警察要换服装,现在还缺一百三十几万副标章,你们可以做吗?"两个温州人觉得这是个不错的商机,就立刻直奔美国,向美国警察总署署长表达能为他们制作。但是署长怀疑他们的能力,认为中国人做不出一流的标章,便拒绝了此事。但是温州人却对署长说:"您怀疑我们的能力,因为您只是听说,而没有亲眼见到我们的能力。耳听为虚,眼见为实,不如您派两位专员到我们的工厂看一看,再做决定,全部费用由我们承担。"署长同意了。

　　两位专员来到温州,参观了温州人的工厂,又当场看到标章的制作过程,从头到尾只花了半个小时,效率之高令他们惊叹。

　　两天后,两位专员带着一百个样品回到美国。警察总署的长官看过样品后,觉得品质很不错,而且价格便宜,又不需要订金,于是就将这笔一百三十几万的订单交给了温州人。

　　后来,温州人也通过类似的方法,获得联合国维和部队标章和香港回归时警员警徽的生意。温州人做生意的方式,通常是昨天打听到商机,今天就能投入生产,而明天马上收到订单。

理财专家的理财秘笈

所谓"机不可失,时不再来",机遇难得,务必抢占。市场瞬息万变,掌握最新资讯非常重要,以最快速度抓住机遇更加重要。

Lesson 2　将灵感付诸行动

Financial Experts

美国青年罗尔斯，从一个为找工作而发愁的大学毕业生，到拥有自己的公司当老板，在短短两年内获得了成功。他的成功经验是什么呢？其实很简单，就是将灵感付诸行动。

大学毕业后，罗尔斯整天四处奔波，却一直没有找到合适的工作。朋友们见他如此苦恼，就邀请他一起去夏威夷旅行。夏威夷迷人的阳光和沙滩也让罗尔斯的心情慢慢平静下来。一天，罗尔斯发现一个很奇怪的现象——沙滩上很多游客都在用手机聊天，而且经常有人顶着大太阳在沙滩和停车场之间来回穿梭，这是为什么呢？他开始询问、观察，之后找到了答案，原来是手机没电了。这件事情引发了罗尔斯的思考，夏威夷的明媚阳光也为他带来灵感——如果设计一种太阳能充电器，不就可以解决这个问题了吗？

经过大量的研究和调查，罗尔斯决定试一试。他把从网络上买来的太阳能充电器缝到背包上，并把背包放到旅行网站上出售，吸引了许多购买者的目光。这件事情也坚定了他创业的决心。二〇〇五年，罗尔斯以自己的名字成立了一家公司，专门生产和销售自己设计的"瑞特"牌太阳能背包。大批订单如雪花般飘来，只花了半年的时间，他的背包就出现在世界各地的沙滩上，公司也因此获得近十万美元的利润。

后来，罗尔斯发现有愈来愈多人使用笔记本电脑，虽然便于携带，但是充电很不方便，于是他开始设计一种能为笔记本电脑充电的背包。产品上市后，受到大家的热烈欢迎，大批订单也蜂拥而至，罗尔斯再次获得巨额收益。

理财专家的理财秘笈

心动不如行动，只有将灵感付诸行动，才有可能获得财富。就算有再多投资构想，如果没有付诸行动，财富是不可能增加的。

Lesson 3　发现空白市场，占领商机

Financial Experts

一九七七年，汤姆·达克创办了达克公司，开始出租旧车的业务。他用十辆运行良好、外观整洁的旧汽车组成一个小型车队，并制订了五美分一英里和四点九五美元一天为起点的收费标准。而当时美国汽车出租业的巨头们都是以一天超过十五美元的高额标准出租新汽车。

达克的公司开始经营后，因为价格低廉、安全可靠，受到了美国许多民众的欢迎。旧车出租也引起了一些寻求新商机的投资者注意，许多企业希望得到达克的许可，在其他地区开办类似的业务。达克的公司因此开始进行特许经营，不到十年的时间便拥有近六百个特许联号。

达克通常都在几千人的小城市开展业务，他的顾客都是那些自己掏租金的一般美国人，很多中年美国人和妇女也都选择达克的租车业务。

公司刚成立不到一年，达克已经主动出售了七份特许经营权。一九七八年的时候，他们成立了"丑小鸭"出租系统有限公司，利润很高。达克也因此拥有了巨额的财富。

理财专家的理财秘笈

达克在汽车出租业务中发现了空白市场，并迅速占领商机，进而成就一番事业。其实只要用心观察，就能发现身边的机会。做别人想不到的事情，或许会有意外的收获。

Lesson 4　困境之中不乏机遇

Financial Experts

南宋绍兴年间，杭州城曾经失火，大半个城市成为废墟。一位裴姓富商苦心经营的几间当铺、客栈和珠宝店都在闹区，火灾发生时首当其冲，但他没有要求伙计和奴仆们冲进火海抢救财物，而是要他们迅速撤离，大家都眼睁睁地看着房屋化为乌有却无能为力。然而，这位富商却露出一副毫不在意的表情，令人十分困惑。

之后，他派人去长江沿岸购买大量木材、砖瓦、毛竹、石灰等建筑材料。材料运回来后，富商却毫无动静，整日驾车出游、饮酒作乐。众人都疑惑不解。

数天后，大火终于扑灭，昔日繁华的杭州城，一片狼藉，车水马龙的景象再也看不到了，大半个城市化为废墟。没过几天，朝廷就下旨重建杭州城，并声明凡是经营建筑材料的商人一律免税。于是杭州城内开始了新一轮的大兴土木，建筑材料的价格水涨船高。

裴姓商人开始高价抛售建筑材料，其他商人也想趁此机会获利，但为时已晚。裴姓商人获得的巨额利润，比他原本的财产多出数倍，他也因此成为杭州城内数一数二的大富商。

理财专家的理财秘笈

社会不安定时，投资机会最容易出现。只要你善于筹谋，在事情还未发生之前就做好准备，你就比别人更容易发财致富。

Lesson 5　做别人不想做的事

Financial Experts

某电视台新推出了一个访谈节目，主要邀请商界精英担任嘉宾，探讨他们的成功之道。

一天，电视台请来一位商界奇才，大家都纷纷向他讨教成功之道。

他没有摆什么架子，只是淡淡地笑着说："我先出一道题考考你们吧！"

"如果某地发现了金矿，大家都跑去淘金，在必经之路上却被一条大河挡住前行的脚步。如果你们也是其中的一员，会怎么做？"

有人说可以游过河去，也有人说绕道走总会找到路的。大家一直在激烈地讨论，他却笑而不语。

讨论结束后，他对大家说："为什么一定要去淘金？大家都要过河，为什么不买条船载他们过河，发展航运呢？"

众人都面面相觑。他继续说："前面有金矿呀！不管你开价多少，他们都会心甘情愿搭你的船。"

▎理财专家的理财秘笈

无论哪个时代、哪种文化传统，财富都掌握在少数人手中。做别人不想做的事、做别人想不到的事，往往可以创造商机。

Lesson 6　眼光要超前

Financial Experts

麦克是一家缝纫机厂的老板，原本这家公司生意不错，麦克的收入也颇丰。但是，随着第二次世界大战爆发，他的生意直线下滑，工厂眼看就要维持不下去了。此时的美国，因为受到战争影响，纺织业萎靡不振，谁还会来买缝纫机呢？因此，麦克用尽方法，也无法让工厂转危为安。为此，麦克寝食难安，可是事情还是毫无进展。

这天早上，麦克和妻子共进早餐时，他的妻子说："唉，这场战争下来，恐怕又会出现很多伤亡，你看那些伤残人士多么可怜，以后的生活该怎么办呢？"说者无意，听者有心。听到妻子这番话，麦克心中顿时出现一个想法："是啊，战后一定会出现很多伤残人士，为何不想想他们的需求呢？"他分析了一下，最后决定停止缝纫机的生产，改为生产轮椅。

果然，战争过后，麦克的轮椅销量异常地好，不仅在本国大卖，还远销国外，麦克因此狠狠赚了一笔。

战争结束后，轮椅的销量开始逐渐下降。麦克又果断停止了轮椅的生产，改为生产健身器材。麦克认为战后国家逐渐恢复平稳，人们下一个关注的焦点必定是健康。没错，麦克又说对了，健身器材销量很好，他的财富也开始倍增。

理财专家的理财秘笈

麦克成功了，原因在于他的眼光超前，能够预测市场的变化，抓住机遇，并且随时改变策略。

Lesson 7 不要放过任何商机

Financial Experts

　　一天，一个年轻的乡下木匠来到一家百货公司送货。当他准备离开时，货架上的一个箱子吸引了他的目光。那是一个刻有"龙凤呈祥"图案的红漆樟木箱，大概二十八寸长。他询问了价格，店员告诉他："这是进口货，售价两百六十元，但是这只是样品，目前缺货。"

　　这让年轻的木匠大吃一惊，因为他家乡的樟木箱都是一寸一块钱，二十八寸最多二十八元。同样的箱子经过雕刻，价值涨了近十倍，竟然还供不应求！他的心猛地跳了一下："我为什么不试一试呢？"便对店员说："我在乡下的木器厂也生产这种樟木箱，你们需要吗？"店员听了，就请他带样品过来。

　　樟木箱是当时女方出嫁的必备之物，十分普遍。年轻的木匠找出家中所有的樟木板，加工成箱子后，又请来家乡的雕刻师傅在上面雕刻。当他把四个精美的雕花樟木箱送到百货公司后，大家都赞不绝口，立刻与他签下两百个的合约。

　　随后，他在家乡开了一家木雕厂，专门生产雕花木箱供应到大城市，还出口到日本。后来，他又开始生产铜雕，还投资房地产、娱乐餐饮等行业，成为当时的风云人物。

　　他是中国最早的亿万富翁——张果喜。

理财专家的理财秘笈

张果喜从小小的樟木箱中看到巨大的商机，樟木箱也成为他的"百宝箱"。不要放过任何微小的商机，巨大的成功很可能蕴藏在这些容易被忽视的细小机会里。

Lesson 8 孤注一掷

Financial Experts

美国巨富摩根大学毕业后，曾在邓肯商行工作。他出色的工作能力让邓肯十分欣赏，但是他善于冒险的精神也常把邓肯吓得一身冷汗。

一次，摩根乘轮船到古巴采购货物，途中遇到一个陌生人。这个陌生人见摩根衣着考究，像个生意人，就问他："先生，请问您需要咖啡吗？"摩根没有说话，陌生人自己说出了原委。原来他是一艘货船的船长，主要在美国和巴西之间做咖啡运输。这次，他受一个美国商人的委托从巴西运回了一船咖啡，但是那个商人突然破产了，他只好自己推销。可是他不懂这方面的业务，所以决定半价出售。

"先生，您看一下，这是咖啡的样品。"陌生人拿出样品递给摩根。摩根看了样品，又经过一番考虑后，便说："好，我全都买下了。"

摩根的朋友劝他要谨慎行事："这些样品虽然是上等货，价钱也很便宜，但是没有见到船舱里的货物，品质好坏很难讲，摩根先生千万不能上当呀！"摩根却说："我相信那位船长是个可信的人，我们必须马上行动，不能让这些咖啡落入别人手中。"

摩根向邓肯报告了此事，说这是一笔不错的生意，但是邓肯却指责他自作主张，还命令他停止交易，并赔偿商行损失。

摩根下定决心赌一赌，他向父亲求助，父亲支持他的决定。摩根在父亲的资助下，不仅偿还了挪用邓肯商行的款项，还通过那位船长的介绍，收购了其他咖啡货船上的咖啡。

没过多久，就传来巴西咖啡受霜减产的消息，咖啡的价格也因此上涨了两三倍。摩根大赚了一笔。

理财专家的理财秘笈

机会是可遇而不可求的，只要看准商机，你也可以像摩根一样，破釜沉舟、孤注一掷，以非凡的勇气获得成功。

Lesson 9 观察得来的机遇

Financial Experts

美国芝加哥曼尔登公司的一位业务员,在圣诞节前夕被派往旧金山做市场调查。在火车上,他遇到一位身穿圣诞礼服的女郎,她的礼服吸引了同车女士们的目光。大家都在热烈讨论这件礼服,还有人特地去问女郎是在哪里买到的。

这位业务员心想:"现在离圣诞节只剩下一星期,圣诞礼服一定是热门商品,这将是笔不错的生意。"于是他走向那位女郎,开始和她聊天。聊天结束后,女郎爽快地答应了他拍照留念的请求。然后,这位业务员不再赶往旧金山,而是在中途下车,并向公司发出传真电报,阐明商机,并希望公司在十二月二十三日前推出一万套这种圣诞礼服。

十二月二十二日下午,曼尔登公司的几家店铺同时摆出了圣诞节金装礼服,立即引起女士们的疯狂抢购。经过三天的时间,一万套礼服全部销售一空,曼尔登公司获得一百万美元的利润。

理财专家的理财秘笈

许多人都看到了漂亮的圣诞礼服,却只有一人发现其中的商机。随时都要做好准备、留心观察,因为"机遇往往偏爱那些有准备的头脑"。

Lesson 10 让你耳根清净

Financial Experts

一次，美国人约翰和朋友一起去参观某空军基地，却被飞机起飞时震耳欲聋的轰鸣声震得头晕眼花。但是他们发现机场的地勤人员还在照常工作，对飞机的轰鸣声似乎没有任何反应。约翰对此充满疑惑，朋友却说："没什么奇怪的，他们在机场工作很久了，一定早就习惯了。"约翰却不这么认为。他对任何事都喜欢寻根究底，就去找那些地勤人员打听原因。原来他们为了避免噪音干扰，都在耳朵里塞了一副"耳塞"。

参观完毕后，约翰发现机场附近有几所学校。他想，学生们一定整日饱受噪音之苦。突然，他灵机一动，为什么不把那种"耳塞"推广给学生呢？于是，他将"耳塞"稍做改动，变成适合学生用的"清静器"。然后他开始在机场附近向学生们推销，结果大受欢迎。

后来，约翰根据学生的喜好和特点，对"清静器"进行了加工改造，又在各大城市设了几千个销售点，推销到全美国的学校。这种"清静器"满足了广大学生们安静地读书、思考的需要，受到他们的热烈欢迎。约翰又趁机打出"耳根清净、读书效率倍增"的广告，引发了购买狂潮，约翰也因此成为亿万富翁。

理财专家的理财秘笈

好的投资项目无处不在，人们不堪忍受的地方，往往也是商机所在之处。

Lesson 11 巧用人脉

Financial Experts

美国大资本家古尔德大量收购黄金，到一八七一年的时候，已经收购了除国库外的美国市场上几乎所有黄金，基本上控制了黄金价格。但如果政府抛售国库里的黄金，到时金价一定会下跌。为了控制黄金市场，古尔德想尽各种办法。

古尔德通过朋友得知，柯尔平上校的妻子是当时总统格兰特的妹妹，但他并不富裕。

古尔德知道这一情况后，就去拜访柯尔平上校。闲聊之中，古尔德故意把话题引到黄金投资上，他邀请柯尔平入股投资黄金生意。柯尔平说："我也很想拥有更多财富，但是很遗憾，我没有足够的资本。"古尔德连忙说："没关系，钱不是问题。和我合作，你不用出一分钱！"

柯尔平觉得古尔德可以信赖，而且这件事情也有利可图，于是和他签订协定："柯尔平不出资金，直接在古尔德那里认购两百万美元的黄金股。只要金价上涨，柯尔平每星期都可以领到股票的溢价差额，但是如果金价下跌，就要做出相应的赔偿。"

协定签订后，柯尔平便利用妻子的关系，劝总统不要抛售国库里的黄金。这样，市面上的黄金愈来愈少，金价飙涨，柯尔平也赚到不少钱。不过，却引起美国民众的强烈不满。总统格兰特决定抛售国库里的黄金来缓解舆论压力。柯尔平苦劝无效，就立即告知古尔德。古尔德请他务必劝说总统暂缓一天，总统答应了。古尔德利用这一天的时间，抛售了所有黄金，获得两千万美元的利润。

▎理财专家的理财秘笈 ▎

荀子曰："假舆马者，非利足也，而至千里；假舟楫者，非能水也，而绝江河。"古往今来，借助他人势力成就自己一番事业的人多不胜数。投资者应学习古尔德，巧用人脉，借势取利。

Lesson 12 巧妙连结

Financial Experts

指南针是辨别方位的仪器，地毯是家居用品。有个比利时商人把这两样东西结合在一起，获得了高额收益。

这个比利时商人是专门做地毯生意的，经常在世界各地推销地毯。一次，他来到一个阿拉伯国家做生意。经过一段时间，他发现每到固定的时刻，阿拉伯的穆斯林不管在做什么都会停下来，然后朝着圣城麦加的方向跪下祷告。于是，他想到一个绝妙的好主意。

他马上搭飞机飞回比利时，找到专家发明出一种能指明方向的地毯。这种地毯风格简朴、携带方便，而且上面镶嵌了一个专门指向圣城麦加的指南针。穆斯林只要拥有这样一块地毯，不管在什么地方，都可以直接找到圣城麦加的方向，跪下来祈祷。

这种地毯在阿拉伯国家一上市就十分受欢迎，商人也因此赚了大钱。

理财专家的理财秘笈

比利时商人改造地毯的小小举动，获得了大大的收益。他成功的主要原因是，善于将两个不相关的事物连在一起，为人们创造了新的需求。

Lesson 13 不要小看众所周知的消息

Financial Experts

　　日全食是一种壮丽的自然景象，吸引了众多目光。一九八〇年二月，中国曾经出现一次日全食，科学家计算出日全食出现的时间是在上午，大家在日历上看到这一消息，都兴奋不已。

　　这么好的一个机会，可不可以赚钱呢？大家都想看日全食，但是并不方便。除了太阳被月球完全遮盖的几分钟外，其他时间是不能直接用肉眼去观看的，因为阳光太刺眼，会伤害眼睛。如果在水盆中倒入墨水，就可以从墨水的反光中观看，也可以隔着照片的底片观看。但是都不太方便。

　　如何才能让走在大街上的人们直接观看日全食呢？有个精明的人想到一个很简单的办法，还赚了不少钱。

　　他低价购买了一大批深色的胶片，把它们加工成许多小方块。就在日全食发生的当天上午，他在全市设了几十个销售点，以每片五角的价格卖出胶片，立刻被大家抢购一空。他抓住了日全食这个众所周知的消息，从中获得高额利润。

理财专家的理财秘笈

不要小看众所周知的消息，也许其中就蕴藏着商机。想要成功就必须善于观察，机会无处不在。

Lesson 14 抢先购买

Financial Experts

李可染先生是中国现代著名的国画艺术家。当时，台湾某报社的一个记者受命采访他。当他来到李家时，才知道先生已经去世了。但是此时，外界并不知道李可染去世的消息。

这位记者觉得十分遗憾，就去寄售李公书画作品的荣宝斋等店看了一下，却发现李公的书画作品还是原价出售。他立刻联络自己的家人，请他们倾尽全家之力，筹集大笔款项电汇给他，然后他尽数买下李可染生前寄售的书画作品。

港台及海外人士在一个多月后才知道李公仙逝的消息。他们纷纷赶往荣宝斋等店购买李公的绝笔书画，但是已经买不到李公的墨宝了。李公的作品身价倍增，而那位最早购得书画的台湾记者便成了富翁。

理财专家的理财秘笈

成功的投资者总是能从生活中发现有价值的资讯，灵活运用一切资讯，创造致富条件，便能比他人更快致富。

Lesson 15　小草带来的商机

Financial Experts

周玉凤是"天作实业"的女老板。一天，她在报纸上看到了一篇新闻报道——科威特石油储量居世界第四位，但由于全境都是荒漠，缺少植被，所以每年都要进口大量泥土，用来种植花草，美化环境。

周玉凤由此得到了启发，认为小草比泥土更有发展潜力。于是，她找到相关专家，研究出一种不用泥土种植的小草。

这种不用泥土种植的小草，其实是一种可以大量生产的草皮，也叫作"植生绿化带"。它先用化学纤维和天然纤维制成一种"不织布"，然后在两层"不织布"之间均匀地洒上青草种子和肥料，卷好后再进行包装，就可以进入市场了。使用时，只要在平铺的"不织布"上敷上薄薄的一层泥土或乾草，然后每天洒水保持湿润，不出一个月，就会长出绿油油的小草，"不织布"就变成了"小草地毯"。泥地、沙漠和阳台都可以种植这种"植生绿化带"，成本很低，成功率却很高，因此深受建筑商和消费者的欢迎。

理财专家的理财秘笈

周玉凤在小草上发现商机，成就了一番事业。其实机会无处不在，身边的一些小事、报纸上一条不起眼的消息，可能都蕴藏着商机。

Lesson 16 身边的商机

Financial Experts

有位美国商人来到山中度假旅行。美丽的风景、新鲜的空气，令他身心愉悦。一天，小瀑布潺潺的流水声激发了他的灵感，"如此清净自然的声音，让我忘却了种种烦恼。如果我把这些声音录下来，再复制成录音带，一定会有很多人买。"

于是，他带着录音机来到山中人烟稀少的地方，录下各种流水声、鸟鸣声、落雨声、风吹过叶子的沙沙声……回到城市里后，他把录下来的声音拷贝成录音带出售。

这位商人的"自然之声"使许多饱受城市噪音干扰的人们，暂时忘却烦恼，找到内心的宁静，也使许多失眠者能够安然入睡。前来购买"自然之声"的顾客络绎不绝，商人的生意非常好，也因此获得很多财富。

理财专家的理财秘笈

这位商人善于发现商机，把自然资源变成了美妙的商品。其实只要善于观察，身边商机无处不在。

Lesson 17 卖一份祝福

Financial Experts

一位日本商人和新婚妻子去菲律宾度蜜月的时候,在跳蚤市场发现了一种很受当地人喜爱的"雌雄虾"(俪虾),最贵的才一美元一对。这种虾在热带海洋里相当普遍。它们自幼便成双成对地爬进石头缝里,在里面成长为雌雄虾,终其一生都被关在石头里。

他的妻子非常喜欢,一下子买了十几对。回到日本后,他们就把这种虾分赠给亲友。谁知亲朋好友们纷纷上门打听这种东西哪里买得到,他们也想送给自己的亲友,但是找遍全日本都找不到。

日本商人看到这种虾这么受欢迎,就觉得这是个不错的商机。他立刻从菲律宾进口了一大批雌雄虾,包装后开始出售。顾客们认为这种"偕老同穴"的寓意能为新婚夫妻带来幸福,纷纷前来购买送给亲友,一时供不应求,一美元一对的虾竟然卖出两百七十美元的高价!

所有人都希望爱情和婚姻美满幸福,这位日本商人抓住了这个卖点,为自己赚得财富。

理财专家的理财秘笈

日本商人用雌雄虾所象征的寓意,满足了人们希望永远幸福美满的梦想。将梦想与商业紧密结合,财富就在前方。

Lesson 18 保持敏锐

Financial Experts

美国青年鲍克,从小就十分喜欢文学,他立志要成为主编。

一天,他看到一个人从烟盒中抽出一张纸扔在地上。他捡起纸片后发现,那是当下最红的女明星照片。原来香烟公司为了增加销量,印了各种不同的明星照片放在烟盒里。他把纸片翻过来,发现背面竟然是空白的。

鲍克敏锐地发现其中蕴含商机,他想:"如果在纸片背面印上照片人物的小故事,其价值一定能大大提升。"于是,他找到制作这种香烟照片的公司,去拜访并说出自己的想法。

公司经理采纳了他的意见,并委托他进行写作。随着时间的发展,他写的小传愈来愈供不应求,他不得不另外请人帮忙写,他也因此成了一位主编。

理财专家的理财秘笈

树立明确的目标,可以让你敏锐地发现相关机会,进而实现目标。别忘了,机会只留给准备好的人。

Lesson 19 满地都是钞票

Financial Experts

某五金机械厂的朱厂长没事的时候喜欢逛街,他把这种休闲活动称为"跑资信"、"捡钞票"。他还从多年的经验中悟出了一条发财之道:"凡是人群密集的地方,一定有财神爷在微笑。"

某个秋天,满城都是糖炒栗子的诱人香味,一群在商店门口排队买栗子的人引起了他的注意。他仔细观察后发现,很多人买到糖炒栗子后都是胡乱地咬开,还把栗子内核咬得四分五裂。

他立刻想到:"能不能发明一个剥栗器?"接着,便迅速画出草图,开始考虑材料、计算成本。十分钟后,他找到了糖炒栗子的商店经理,向他阐明自己的想法。经理说:"顾客一定会喜欢的。这样吧,给你两个月的时间,不过愈早上市愈好。"朱厂长却笑着说:"两个月太久了,我一个星期就能把货送来。"经理半信半疑,也只好相信他了。

当天晚上,朱厂长就把剥栗器的草图传回家乡的工厂。两个小时后,模具就完成了;三天后,一卡车剥栗器便送至卖糖炒栗子的商店。朱厂长因此获得大笔利润。

理财专家的理财秘笈

朱厂长发现了别人没有注意到的机会,用小小的剥栗器获得财富。其实只要善于动脑,在街上随便看看,随时随地都能找到人们的需求。

七月 July
理财专家要未雨绸缪

天有不测风云，人有旦夕祸福。人们可以一夜暴富，也可能瞬间破产。对于理财规划，不能不多留一条后路，为将来做好准备。

Financial Experts

Lesson 1 防患于未然

Financial Experts

黄伟庆是香港保险业的一代宗师,他一直是保险业的标杆人物。

一次,黄伟庆和莫先生一起乘船前往九龙。途中,黄伟庆趁机向莫先生介绍了一些关于保险的知识,想要劝他购买保险。莫先生听完之后,却不以为然,问他说:"美国友邦公司是世界一流的大公司,虽然我无法和它相提并论,但是,以我现在所拥有的财力,完全可以买下友邦公司的三分之一。你看,我有买保险的必要吗?"

听着莫先生如此大的口气,黄伟庆一时不知该如何回答,只能保持沉默。黄伟庆知道,此次推销可能失败了,因为船马上就要靠岸。不过,就在船快到码头的时候,黄伟庆远远看见停泊在码头的"伊莉莎白二号",于是,他灵机一动,有了一个绝妙的想法。他谦虚地对莫先生说:"莫先生,听说您见多识广,可以请教您一个问题吗?"

莫先生想都没想就说:"好啊,什么问题?"

黄伟庆指着"伊莉莎白二号"问道:"莫先生,您看见那艘船了吗?我想它应该是很安全的吧?您说呢?"

莫先生点点头说:"那当然,它是一艘配备齐全的船,安全性很高。"

黄伟庆又问:"既然它的安全性很高,船上为何还需要那么多救生艇呢?这些沉重的救生艇无疑会为船带来负担,为何还要装上它们呢?您可以告诉我吗?"莫先生一听就明白了,他爽朗地笑了起来,并且答应向黄伟庆购买保险。

理财专家的理财秘笈

谁也无法预测日后会遇到什么困难。在理财时需要用不同的角度来思考问题,做到防患于未然,提前想好面对危机的应对之策,才能为今后的生活提供保障。

Lesson 2　居安思危

Financial Experts

余明哲失业后开始做送便当、临时工等粗活，薪资勉强够用。不过由于是临时工，收入没有保障，而女儿上了大学，家中的开销又不断增加。余明哲常担心，如果自己没有工作可做，或失去赚钱能力，家人的生活也将失去保障。

有一天，余明哲在帮客户挑地板时，正好遇到保险代理人程淑丽，听到她向客人讲解医疗保险的相关内容，余明哲觉得购买保险或许可以解决自己的担忧，便将联络方式留给程淑丽。

几天后，程淑丽来拜访余明哲，向他详细解释保险的知识及相关细节。余明哲听后十分认同，但始终没有下决心购买。见状，程淑丽说道："您辛苦赚钱养家，不就是想为家人的生活提供保障吗？如果有一天您失去赚钱能力，那么您的家人便少了保障，到那时您要怎么办？再说，每个人都有可能遇到意外，如果不提前为自己和家人留份保障，等意外发生再后悔就来不及了。"听到程淑丽的话，余明哲决定购买一份终身保险和提前给付重大疾病的保险。

后来，余明哲因过度劳累而住院，并被诊断患有猛爆性肝炎，若不接受治疗，可能只剩两个月的生命；接受治疗的话，他还有可能恢复健康。听到这个消息，一家人陷入困境。余明哲是家中的支柱，妻子目前没有工作，女儿又刚毕业，他们根本无法支付高昂的医药费。就在一家人准备放弃治疗时，女儿想起了爸爸购买的那份保险，便与保险公司联络。

程淑丽接到消息后，立刻前往医院探望，一边安抚他们，一边向相关的医疗单位取证。终于，她告诉余明哲一家人："公司会对余先生的医疗费用进行相应的理赔补助。"知道自己不会因此连累家人后，余明哲对生活又充满了希望。

得到理赔款后，余明哲百感交集。他庆幸自己提前购买保险，才能将此次风险转移到保险公司。

理财专家的理财秘笈

医疗费用或意外事故难免会为家庭带来经济负担。不论收入多少，在进行理财规划时最好能考量自己和家人的各种状况，评估是否需要购买保险。

Lesson 3 意外基金

Financial Experts

有个人因车祸住院，在他动完手术躺在病床上休息时，家人正为这场突如其来的灾难和昂贵的医药费发愁。

第一天，他的牧师来探望他。面对一脸病容的他，以及满脸忧愁的家人，牧师说："可怜的人哪！愿主保佑你，祝你早日康复。"说完，牧师便离开了，他的心情并没有因此好起来。

第二天，他的朋友带着鲜花和水果来拜访他，并对他说："亲爱的朋友，你在这里好好养伤吧！"说完，留下东西就离开了。他仍然不觉得开心。

第三天，他的医生来到病房，为他做完检查后，说："你的伤势不算太严重，很快就能康复，在这期间，要多注意休养。"并留下一张医药费的账单，让这位病人更郁闷了。

第四天，他的保险经纪人来探望他，为他带来一张支票，帮他还清所有医药费。接着，又给他一张支票，说："这是您的薪资补助，保障您在住院期间可以照常领取薪资。"

听到经纪人的话，他和家人高兴极了，激动地说："你真是我们的救星啊！"

理财专家的理财秘笈

生老病死总是令人无奈，健康才是一生中最大的财富。因此，"维护健康"可说是一生中最大的投资。购买合适的保险，让自己拥有一笔能够救急的"意外基金"。

Lesson 4 为未来定契约

Financial Experts

张太太在大学时便开始接触保险，不过，她当时不是对保险本身感兴趣，而是对如何赚钱感兴趣。有一天，她想投资银行推出的分红保险，但根据现金价值进行计算后，发现投资收益并不划算，便放弃了。

后来，张太太任职的公司为她日后的生活订了一份特殊"契约"，就是帮她购买了包括医疗险和意外险在内的企业团体保险，所以，她并不为自己的突发状况担忧。然而，她却担心丈夫的状况，因为丈夫的公司没有提供任何保险。因此，张太太想为丈夫购买一份合适的保险，但她不知道该如何选择保险公司，也不知道哪类保险比较合适。

有一天，张太太突然被诊断出异位妊娠。虽然经过一个星期的治疗后，她没有动手术便恢复了，夫妻两人从这次突发事件中体会到保险的重要。他们明白，意外随时都有可能发生。光是生育方面，便造成了这么大的意外和麻烦，如果是没有购买任何保险的张先生遇到突发事件，一定也会面临大风险。

两个月后，张太太送给丈夫一份生日礼物，就是为他购买意外、医疗、重大疾病等保险。

理财专家的理财秘笈

现代人普遍压力大，未来生活难以预测。当我们在投资创业的同时，别忘了对生命、健康、幸福进行投资，通过保险为日后的美满生活订"契约"，让自己更有保障。

Lesson 5　信托投资

Financial Experts

赵先生最近遇到了投资烦恼，听朋友说信托投资还不错，但又不太放心，便向专人咨询。信托投资经理王友生热情接待了他。

王友生说："不要担心信托投资。每家信托投资公司都有一批理财专家，他们会对市场进行充分调查，然后经过严格的验证、分析，才设计出信托产品，这对投资人是很有利的。如果您信任我们，可将自己的财产委托给我们，并指定财产用途。签订信托合约之后，我们的理财专家会根据合约中您所定的用途对您的资金进行运作，并将您的信托净收益和本金支付给您所指定的人。您指定的人可以是您本人，也可以是您的父母、妻儿或其他人。"原来，信托就是"受人之托，代人理财"的意思。

但赵先生还是有一些顾虑："如果我将财产委托给你们公司，这笔财产还是我的吗？"

王友生对他说："这个您完全不用担心，这笔财产就是『信托财产』，是单独记账、单独管理的，任何记录都可以查询，与信托公司的财产是分开的，它仍然是您的财产。"

赵先生这才放心。后来，他还得知，信托除了以上优点之外，委托人如果出现意外情况，如破产时，信托财产不在破产清算范围内，仍然能保障自己的财产安全。

理财专家的理财秘笈

信托是一种特殊的财产管理制度和法律行为，在危机防范上有独特的防火墙功能，更能妥善保障委托人的财产安全，是一种不错的理财方式。

Lesson 6　一家的定心丸

Financial Experts

二〇〇六年，蔡先生因从股票牛市中赚得些许利润，便将每月的薪资余额全部投入股市中；此外，他还打算退保炒股。

原来，蔡先生和妻子曾在二〇〇四年分别购买了四十万元的养老保险，并把这份保险视为一家人的定心丸。这份养老保险是每三年给付两万元生存保险金，缴费期限二十年。两年来，他们两人共缴了十二万的保费。随着股票指数的提升，蔡先生一两个月便能赚取几千元的收益，所以，他根本不在意那每三年才给付一次的两万元保险金。于是，蔡先生决定退保，而后投身股市。

但是，办理退保业务，需要支付各种手续费，整个业务办理下来，蔡先生损失了将近一半的资产。然后，他将退保得到的四万元现金全部投注到股市中。可是，令蔡先生感到意外的是，股市变得震荡不稳，自己投资的四万元非但没有获利，反而又亏损了几千元。

除了亏损几千元，蔡先生夫妇俩也因为退保，不再享有养老保障和身亡保障，一家人失去了定心丸。此时，蔡先生已是悔不当初，原本打算在投资股票赚钱后再购买保险的计划也变成泡影。现在再投保的话，他们必须一切从零开始，每月仍旧要缴纳一万元的保费。

蔡先生无奈地说道："如果我当初投资时再慎重一些，便不会造成今天这样的局面，不但使一家人失去保障，也亏损了一大笔钱。"

理财专家的理财秘笈

在进行家庭理财时，通过购买保险为财富提供保障，可以说是让一家人吃了定心丸。有了基本保障后，再来考虑高风险的投资项目。

Lesson 7 避免财产贬值

Financial Experts

贝克汉姆夫妇有着自己的一套赚钱方法，他们懂得利用明星效应来做产品代言，同时还让儿子们成为广告商竞相争夺的代言对象。光是靠广告代言，贝克汉姆一家便有大约五千万美元的收入。

他们夫妻俩不仅会赚钱，更善于理财；不但懂得钱生钱，更懂得如何避免财产贬值，将现金转换成保值的资产。比如，贝克汉姆夫妇用手中的大量现金购买房产、黄金等，抵制资金贬值的风险。

贝克汉姆夫妇拥有好几栋豪华大宅，其中价值最高的便是赫特福德郡的"贝克汉姆宫"，约有一千万英镑。

除了房产外，他们也投资不会贬值的钻石和黄金等首饰。

凭着这些投资理财方式，贝克汉姆毫不担心经济危机，更不担心现金贬值。

理财专家的理财秘笈

物价不断高涨，财产贬值让很多人感到惊慌。如何才能避免财产贬值？不妨将现有资产进行合理投资，重点放在升值希望较大的房地产和可以保值的黄金上，可有效降低现有财务压力。

Lesson 8　人无远虑必有近忧

Financial Experts

新加坡有一家人，丈夫在外担任部门主管，妻子在家教育儿子，日子过得十分幸福。

一天，一场意外事故使得妻子失去了丈夫，儿子失去了父亲。丈夫在世时，这家人从没想过购买保险，而这场突如其来的事故，让这家人变得一无所有。为了维持生计，母亲只好外出工作，找了一份帮人洗衣做饭的差事。虽然十分辛苦，但母亲还是坚持要让儿子完成学业，希望儿子能出人头地。她认为只有这样，自己的后半生才有依靠。

儿子知道母亲的艰辛，更加努力求学，终于成为一家大医院的主治医生。三年后，儿子开了一家私立医院。看到儿子的事业蒸蒸日上，母亲十分高兴，觉得自己的晚年有了保障。

在当时，人寿保险颇为盛行，很多寿险顾问都向这位医生推荐，希望他能为自己和家人购买保险，甚至有一家保险公司还向他展示了一份全面保障计划。看着这份保障计划，这位医生觉得还不错，便说："按照你的说法，买保险的确有许多好处。我再考虑一下，觉得有必要的话，会在两个月后投保。"寿险顾问听完没再多说，就离开了。

没想到，一个月后这位医生便因事故身亡。他母亲拿着一份资料，急匆匆地来到保险公司，大喊着要找经理。经理见状忙询问她有什么事情，她将资料递给经理，问道："你看我能得到多少赔偿呢？"

经理看这份资料只是投保建议书，根本不是购买保险的保单，只好摇着头说："很抱歉，这不是保单，您得不到任何赔偿。"她听完这话彷佛晴天霹雳，自言自语的说："现在我连唯一的希望也破灭了……"

理财专家的理财秘笈

人无远虑必有近忧，说的就是故事中这家人。他们没有购买任何保险，很可能让未来失去保障。

Lesson 9 为将来铺路

Financial Experts

　　王太太发现丈夫升职后，变得愈来愈不顾家，经常要加班到半夜，就连假日也不陪自己。她因此感到闷闷不乐，认为丈夫有了外遇，一气之下决定回娘家。

　　在收拾回家需要用的东西时，王太太在丈夫的箱子里翻出一个信封，急忙打开，发现里面是一份保险单。看到这张保险单，毫无理财意识的王太太生气丈夫竟然瞒着自己买保险，而且每年还缴出那么多保费。不过，当她发现受益人竟然是自己时，惊讶不已。

　　除此之外，王太太还发现保单后面附有一封信，信上写着："老婆，当你看到这封信的时候，我可能已经不在人世了，但是我却放心不下你。我从理财专家那里得知保险是未来的人生保障，所以，我为你购买了一份保险，希望在未来的道路上，这份保险能代替我照顾你。这是我唯一能为你做的。"看完信后，王太太感动得泪流满面。

　　这天深夜，丈夫依旧迟迟未归，但王太太不再气愤，而是为他做了一顿热腾腾的宵夜，并打电话对他说："老公，工作辛苦了，早点回来吃饭吧！"挂上电话后，王太太的脸上带着幸福的笑容。

理财专家的理财秘笈

人生在世难免会遇到各种意外和疾病，一旦遇到这些状况，不但会让家人感到痛苦，家庭经济负担也会加重。为避免这种情况，每个人都该有忧患意识，预先为家人的未来做好打算。

Lesson 10 规避风险的有效方法

Financial Experts

张先生拥有成功的事业和幸福美满的家庭。有一天,他经朋友介绍,开始接触人寿保险,并了解购买保险是规避风险的有效方法。于是,他为自己购买了一百万元的保险、为儿子购买了三十万元的保险。通过对保险业务的进一步了解,他明白保险也是一种很好的投资理财工具,便又加购了医疗保险和重大疾病等保险。

几年后,不幸突然降临到张先生身上。他因工作繁忙,过度劳累,再加上没有及时进行检查和治疗,患了胰腺癌。因胰腺癌死亡率较高,很可能获得短期风险赔偿金额,所以保险公司高度重视这一案例,特地组成调查小组来进行理赔调查和规划。他们在第一时间赔偿了风险损失后,又派专人去医院探望张先生。保险公司的种种行为,让病重的张先生感到安心,庆幸即便自己离世,妻儿也能有份幸福的生活保障。

不久后,张先生不治身亡,他的家人获得了超过八百万的理赔款。

理财专家的理财秘笈

很多人缺乏理财意识,常常会忽视寿险的重要性。其实,寿险不仅是规避风险的有效方法,更代表了平安、幸福的生活保障。

Lesson 11 幸福生活需要保障

Financial Experts

　　有一个有钱的农场主人，他有两个儿子。在选定财产继承人时，主人不知道该选谁，因为大儿子忠厚老实，勤奋工作；小儿子聪颖乖巧，认真好学。

　　随着岁数日益增加，农场主人的身体也愈来愈差。为了保证儿子能够幸福生活，老农场主人觉得自己必须选出一人来继承家业。于是，他对两个儿子说："现在你们都可以独当一面了。告诉我，你们最需要什么？谁想得到财产继承权？"

　　老农场主人以为儿子为了争夺财产，一定会有所争执。但是结果却完全出乎意料，小儿子直接开口道："爸爸，我只需要你为我买一份保险，其他的什么都不要。"老农场主人虽然十分吃惊，但还是将所有农田和家畜交给了大儿子，又为小儿子买了一份保险后，送他到城里读书。

　　小儿子毕业后，顺利地在城里找到了一份薪资颇丰的工作。

　　但是，农场主人这边的生活却不太顺利。他们先是在一场大火中失去了所有家产，接着蝗虫又吃掉了他们所有的庄稼。小儿子听到这些消息后，来到保险公司，取得巨额赔偿。之后，他回到家中，帮家人重建房屋和农田。

　　直到此时，老农场主人才明白小儿子要他买保险的用意。

理财专家的理财秘笈

为生活提供保障是必须的，而保险是最常见的保障方式。每个家庭都要为将来的稳定做好准备。

Lesson 12　有安全才有爱

Financial Experts

　　有一个善良的人，对家人可说是关怀备至，是慈父的典范。有一天，他发生了车祸，虽然不愿意离开家人，但还是死了。他认为自己是个爱家的人，死后理应进天堂。他来到天堂门口，正准备进去，却被上帝挡在门外，他不服气地说："人们不是说好人死后会上天堂吗？我那么爱家人，对他们那么好，为什么不能进天堂？"

　　上帝问道："你真的爱他们吗？"

　　"当然，这个世上没有人比我更爱他们了！"

　　接着，上帝又说："既然你爱他们，那你为他们做了些什么？为他们留下了什么？你看看你的家人现在过的是什么样的生活。"上帝指着人间的一处情景让他看，嘴里还说着："你死后，家中没有储蓄，你的母亲虽已满头白发却不能安享晚年；你的妻子为了维持生计正在帮别人洗衣服；你的孩子因为没钱上学正流落街头。"

　　这个好人看着受苦的家人，心中很不好受，哭泣着说："但我真的有颗爱他们的心。"

　　上帝摇着头说："你这种爱不能给家人带来安全和保障，只是空头支票而已。如果你在世的时候能给家人买份保险，他们就不会面临如今的困境了。"

　　听完上帝的话，这位父亲开始后悔自己没能给家人提供有保障的生活。

理财专家的理财秘笈

保险理财很重要，它就像一张巨额支票，提供了一个保障，让家人和自己感到心安。家是遮风避雨的港湾；爱家人，就应该为他们提供安全感。

Lesson 13 小投资大收益

Financial Experts

一个小镇上住着这样的两个人,一个十分富裕,拥有一家大工厂,生活相当惬意;一个比较平凡,过着普通人的生活。

有一次,两人碰了面,富有的人对另一个人说:"你这样平凡的生活有什么意思?看我投资建厂活得多风光。"

另一个人笑着说:"是很风光。但你除了投资建厂外,还有其他投资吗?比如说为自己和家人买份保险。"

富人很不屑地说:"根本没必要买保险,我的钱就是他们生活的保障。不过像你这样的穷人,有钱买保险吗?"

"买保险不需要太大的投资,你还是买一份吧!"

富人不理他,转身离开了,也没把他的话放在心里。

一天,这两个人在一场无情的大火中丧生。两人死后,两家的生活却有了完全相反的转变。

富人死后,工厂因无人管理而乱成一团,很快被迫关门,家人也被迫从原来的豪华大房搬了出来,住进一间小房子里,生活愈过愈艰辛。

而另一个人却因生前买了保险,为家人留下了一笔巨额赔偿金。收到保险公司提供的赔偿金后,他的家人无需为生计而奔波,依旧过着平凡却有保障的生活。

理财专家的理财秘笈

财富最大的作用是让人们过更好的生活,只有金钱但没有保障的生活,无法令人安心。

Lesson 14　国王的失业保险

Financial Experts

据说，泰国国王帕拉贾德·希波克在位时，曾先后在英国和法国两家保险公司购买失业保险。

两家保险公司虽然以前从来没有为国王办理过失业保险业务，但都不愿意放弃借机提升公司知名度的机会，立刻答应为国王投保，而且两家公司所提供的保险金额也相当可观。在听到这个消息后，社会各界一片哗然。

其实，帕拉贾德·希波克并不是盲目投保，追随潮流，而是在看透政局后经过深思熟虑，才决定为自己投保。后来的事实也证明了他的保险十分明智。

原来，当时的泰国政局并不稳定，各股势力明争暗斗，而帕拉贾德·希波克在位期间一直没有什么政绩，面临着被迫退位的危险。果真，在一九三五年，帕拉贾德·希波克被政敌废黜，退出政坛，沦落为一介平民。

被迫退位的帕拉贾德·希波克虽不能再享受国王的待遇，却从两家保险公司获取了巨额失业保险金，度过六年衣食无忧的生活。

帕拉贾德·希波克凭着精明的理财头脑，提前为自己的失业做好准备，在动荡的局势中，把握了主动权，也打造了保险界的传奇故事。

理财专家的理财秘笈

帕拉贾德·希波克能够提前做出预测，选择购买失业保险，这是一般人难以想象的。正因为他准备充分，提前做了规划，才能坦然面对各种风险。

Lesson 15 转嫁风险

Financial Experts

美国有一座小城市出现了一件奇怪的事情。有这么一家人，家中只有母亲和一个六岁的儿子，父亲每个月从遥远的地方向家中寄来一张汇款单。但是二十年后的某一天，这对母子收到的不是汇款单，而是一盒骨灰和一份人寿保险单。

调查显示，原来这位父亲在生前，害怕自己因生病或出意外而造成家人的经济负担，便为自己购买了一份三十万美元的人寿保险，受益人是妻子和儿子，希望这份保险能帮他们转嫁风险。而且，这位父亲还和保险公司签下约定，一旦自己死亡，保险公司每个月要向他的家人支付生活费用。

就这样，这对母子每月都会到银行领取生活费，一直领取了二十年。二十年后，这个小男孩已经学有所成，成为一个优秀的研究生。

这位父亲用自己买的保险，为他的家人转嫁了生活贫困的风险。

理财专家的理财秘笈

人的一生难免会遇到一些突发事件，而这些突发事件很有可能会影响家庭的经济和生活。想要转嫁这些突发事件带来的风险，只需向保险公司交点保费，将风险转嫁给保险公司就可以了。

Lesson 16 储蓄与投保

Financial Experts

一位客户询问推销保险的希尔森："如果我今天将相同金额的一笔钱存在银行和投保,哪种方式比较划算呢?"

"如果以二十年来说,存在银行比较划算。"希尔森回答。

客户说:"既然这样,我就把钱存到银行里。"

希尔森又解释道:"一般而言,在二十年的缴费期间,存在银行里,利息由零开始累积,与投保开始便有人身保障相比较,就逊色很多了。保险最大的功能就是保单一旦生效,就会获得保障。你付二十万元到银行里和买一份二十万元的保单,若是一生平安无事,看不出多大的差异。不过,一旦遇到意外或疾病,存在银行的钱就只有本金加些利息,投资保险就不一样了,它可以多出十倍甚至二十倍以上的价值。"

"但是,如果你存钱时间比较长,而你一生又平安无事的话,仍然是存钱比较划算,因为时间越长,利息的累积就越快。"

客户一听,觉得投保的确比较有保障,于是同意向希尔森购买保险。

理财专家的理财秘笈

"银行储蓄"和"保险",二者都有增值功能。不同的是,保险以保障为主,对个人财产有较大的抗危机作用;银行储蓄以储蓄为主,保障功能较小。理财时,应仔细考量个人需求再做决定。

Financial Experts

一天一堂课,受用一辈子!
・MEMO理财专家随身笔记・

Yes! You are the ONE!
你就是自己的理财专家

八月 August
理财专家的股票投资

股市从不缺少富豪,股票向来都是热门的投资方式。但是,股票的收益大,风险也高,稍有不慎就会让人倾家荡产。

Financial Experts

Lesson 1　静心倾听

Financial Experts

华尔街教父本杰明·格雷厄姆对他的学生讲过这样一个故事：

有一个木匠，经常一整天在院子里锯木材，院子终日响着锯子和锤子的声音，地上也铺满大大小小的木块和木屑。

有一天晚上，木匠正在锯木材，手表不小心掉在木屑堆里。这块手表是木匠最珍爱的东西，价格也很高昂。木匠很焦急，吩咐全家人拿着手电筒和他一起找。但院子里乱糟糟的，大家忙了半天，什么也没有找到。

木匠只好对大家说："现在已经太晚了，而这里这么乱，一定找不到，我们明天再继续吧！"听木匠这么说，大家只好作罢，木匠也收拾一番，准备休息。

没想到，木匠还没来得及上床，他的小儿子就一脸兴奋地跑过来说："爸爸，你看，我找到你的手表了。"木匠抬头一看，儿子手上正拿着那块手表。

木匠又惊又喜，问小儿子："我们那么多人都找不到，你是怎么找到的呢？"

小儿子回答："你们走了之后，我自己在院子里玩儿，院子里很安静，我听到手表滴答滴答的声音，就顺着声音走过去，然后发现了你的手表。"

理财专家的理财秘笈

股市就像木匠的院子一样喧闹，充满了各种小道消息。我们如果听从这些消息，无异于拿着手电筒在木屑堆里翻找。真正的炒股高手懂得静下心来，倾听股市的声音，找到对自己最有价值的部分，而不是盲目听从小道消息。这其实也是股神巴菲特"不看股价，不想股价，不做差价"的炒股精神。

Lesson 2 鸡尾酒会理论

Financial Experts

通过观察鸡尾酒会里的人际互动，着名的股票投资家和证券投资基金经理彼得·林区总结出判断股市走势的四个阶段：

第一阶段，如果向别人介绍自己是基金经理，人们只是与自己碰杯致意，然后走开。并且，很多人围绕在牙医周围，或谈论明星绯闻，而没有人谈到股票。人们宁愿谈论牙齿也不愿意谈论股票，表示股市已经探底了，不会有很大的下跌空间。

第二阶段，如果向别人介绍自己是基金经理，人们会与自己聊几句股票，或者偶尔抱怨一下股市的低迷，然后走开，继续关心牙齿状况和明星绯闻。与股票相比，人们还是更关心自己的牙齿，这说明股市已经开始上涨，但仍无人重视。

第三阶段，当人们得知自己是基金经理，纷纷围过来询问该买哪一档股票、近期走势如何，而没有人再关心牙齿和明星绯闻时，这就表示，股市已经达到阶段性高点。

第四阶段，人们在酒会上不断谈论股票，很多人主动向基金经理介绍股票，告诉他买哪档股票会涨。这说明股市已经达到最高点，大盘即将开始下跌震荡。

这就是著名的"鸡尾酒会理论"。

理财专家的理财秘笈

当大多数的业余投资者都知道最近股市行情大好，就表示股市已经上涨到顶点，这时应立即将股票清仓，在崩盘之前收回自己的全部投资。

Lesson 3　别太依赖经验

Financial Experts

年轻人在旅行的时候遇到了一群山贼，为了逃命，他只好拼命奔跑。跑着跑着，前面突然出现一条小河。这条小河并不是特别宽，但水流非常湍急，波涛汹涌。

年轻人心想，自己一定过不了河，不禁悲从中来，大声痛哭。他的哭声被河里的一条小鱼听到，小鱼将头伸出水面，对年轻人说："哭不能解决问题，还是先打起精神，准备涉水过河吧！其实，上天还是对你不薄的。这条河看似湍急，但河水其实很浅，完全不用害怕。"

年轻人对小鱼的话将信将疑，但是想到后面凶恶的山贼，便决定："与其在这里等着被杀，还不如冒险试一试。"于是他果断地下了河。这时他才知道，小鱼没有骗他，河水真的很浅，很快他就轻松过了河。他向小鱼点头道谢，接着继续逃命。

年轻人走后不久，山贼也来到这条小河边。他们同样被湍急的水流吓到，不知该如何是好。但是毕竟他们人多，办法也多，很快就找到其他的道路，继续追赶年轻人。

年轻人过河之后，加快脚步逃命，但不久又遇到另一条河。这条河并不宽，而且水面非常平静，就像一面镜子般。他心想："刚才那条河看起来湍急无比，也能安然度过；这条河如此平静，水应该不会太深。"于是，他毫不犹豫地跳下河。

没想到，只走了几小步，河水就愈来愈深了，而且还出现很多漩涡。这时，年轻人想游上岸另想办法，却被卷入漩涡之中。他不停地挣扎，可是愈挣扎就陷得愈深。没过多久，他就被河水淹没了。

▊理财专家的理财秘笈

有经验是好事，可是如果过分依赖经验也会带来不必要的损失。聪明的投资者知道，每次经验都是"新经验"，都必须仔细评估。

Lesson 4　切忌盲目跟风

Financial Experts

股神巴菲特在投资时有一个原则，就是绝对不买自己不熟悉的股票。因此，他的股票永远都是一些传统行业。对于自己不熟悉的高科技股票，巴菲特从来都不闻不问。

后来网络股疯涨，大家纷纷购买，但巴菲特依然不为所动，丝毫没有购买的欲望。这时人们都认为，当年的股票大王已经跟不上时代脚步了。

不过，这些人很快就发现自己大错特错了，因为网络股在一段时间的疯涨之后，便开始以更快的速度下跌，网络泡沫使得大批投机者血本无归。

这时人们才意识到，股票大王还是股票大王。并不是他太落伍，而是自己太疯狂。在这场网络泡沫中，巴菲特再次展现出投资大师的风范。

巴菲特的成功正是因为他能坚持自己的原则——绝不进入自己不熟悉的领域，也就是"生意不熟不做"。

理财专家的理财秘笈

巴菲特的成功告诉我们，在投资股票的时候一定要坚持自己的原则，千万不要因为别人都在购买就一股脑跟着买。投资之前一定要做好充分准备，确保自己熟悉之后再下手，切忌盲目跟风。

Lesson 5　最简单的操作法

Financial Experts

一位报社金融证券版的编辑因为工作原因接触了很多股票投资者，令他印象最深的是一位盲人。

这位盲人从来不听讲座和股评，更不曾打听所谓的内部消息。他每天只做一件事，就是设法了解当天的开盘和收盘。他购买股票的方法也非常简单——在下跌的时候买进，上涨的时候卖出。

简单地说，就是去掉最高点和最低点，选取中间段的一种中庸之道。他从来不选择大盘上面涨势最好的股票，当然也不会选择下跌速度最快的股票，而是在那些波动不大的股票中选取一支正在下跌的股票，然后根据自己的了解、分析和判断，在心里设置一个价格底线。一旦这支股票下跌到底线之内，他就会迅速买进，等到它上涨到原来的水准时再卖出。凭着这个简单的方法，他总是赚得多，亏得少。短短几年内，他投进股市的资金已经赚了好几倍。

这位编辑访问了盲人："你为什么要选择在原来的水平卖出呢？"

盲人答道："这是因为，我认为原来的水平才是股票最真实的反映，也就是常态。不管上涨或下跌都是不真实、不正常的动态。不过，它们最终会回到常态，下跌的股票总会有恢复水平的时候。我通常会在下跌的时候买进，当我买进这支股票时，就已经赚到了。"

编辑继续问："那你也可以再等一下，当它回到原有水平时，通常会按照惯性往上冲一下。如果到那时再卖出，不是能赚得更多吗？"

盲人却笑着说："没错，那样的确可能赚得更多。但是，如果我一心想再多赚点，反而有可能因小失大。"

理财专家的理财秘笈

的确，当人们面对利益时，欲望是很难控制的。投资股票时，大部分的人面对涨势，难免再想多赚点。不过，这样的心态过于投机，反而会造成高风险。

Lesson 6　金融奇才

Financial Experts

　　姜凯二十四岁那年，已成为成功的对冲基金经理，拥有属于自己的对冲基金。

　　在他很小的时候，就对金融理财表现出浓厚兴趣。后来他到美国留学，专攻金融。在校期间，他用自己学到的知识来炒股赚钱，用赚来的钱顺利念完大学。

　　刚开始投资时，他按照书上的理论，购买那些低持有率和低关注度的公司，但是收效甚微。有的股票在他购买之后不升反降，一下就亏损了好几万。

　　失败之后，姜凯明白，不能完全按照书上的理论来进行投资，而是要依据形势变化来调整方向。

　　于是他开始将目光转向高科技行业的一些成长型股票，结合自身优势，为自己创立了一套独特的选购股票模式。他利用电脑程式，将汇率、利息、经济等各种干扰股市波动的因素排除后，预测股票不同阶段的涨跌情况，真的赚了不少钱。

　　大学毕业后，姜凯进入瑞士银行工作，但是很快就离开了，因为他想拥有自己的对冲基金，这样才可以证明自己。

　　姜凯有很多投资理论，其中最具代表性的是"买入和交易"。他这项理论和之前巴菲特的"买入和持有"理论形成了鲜明的对比。巴菲特的理论认为，长期持有好的股票，才能真正获益，实现利益的最大化。但是姜凯认为，在发达国家中按照巴菲特的理论并不是最好的。现在时代已经不同了，在成熟的市场中，找到一家成长性强的公司相当困难，而且产品的周期也正在逐渐缩短，这会让上市公司股价出现更大的波动。在这样的情况下，"买入和交易"更具有优势。

因此，姜凯只投资在美国上市的中国股票。为了炒股，他每两个月都会飞回美国一次，保持高强度的工作，以便和美国股市的开盘保持一致。

后来，他的对冲基金每年回报率将近百分之五十，而且连续三年在美国的行业榜上居于首位。但是他并没有盲目扩大基金的规模，反而开始大规模向客户返还资产。因为他认为，摊子铺得愈大，盈利就会愈困难，而且这样做更能保护客户的资金。

姜凯成为对冲基金行业中的霸主，甚至被称为"中国最好的出口品"。

理财专家的理财秘笈

姜凯的成功离不开自我反思。很多投资者都会盲目跟风，或者按照别人的指示来投资。姜凯却经常反思自己的投资行为，正确评价自己的长处和爱好，并以此选定投资取向和理财方式。

Lesson 7　不要将所有资产投入股市

Financial Experts

汤姆是一家公司的资深经理，月入十万，年底也有数十万奖金，收入相当丰厚。

不久前，汤姆贷款买了一栋房子，每月都要还款。按照他现在的收入，还有十年的还款期。除此之外，汤姆还买了一辆豪华轿车。

虽然汤姆的收入还算不错，但是买房买车几乎花光他所有存款。现在要供房供车，让他倍感压力。因为这两年股票市场非常热门，汤姆身边有好几个朋友都从股市中赚了不少，于是他禁不住诱惑，也想投资股市。

没有存款的他为了筹集炒股资本，决定抵押自己唯一的房子，换来几百万的现金，并把所有的钱都投入股市。但因恰逢股市低迷，他也没有任何炒股经验，买的全是已经被炒到高价的垃圾股。没过几天，他买的股票开始暴跌，资金一下子损失大半。为了弥补损失，他进行多次补仓，但是依然无法扭转乾坤。这时，汤姆手中的股票价值连以前的一半都不到，损失惨重。

为了赎回房子，汤姆在股票指数下降的时候又向表哥表姐借了百万，企图把亏损的钱全部赚回。但是很不幸，他再次遭逢股市调整，又亏损了一半。

此时，汤姆的亏损已将近两百万，抵押房子所剩的现金也不多了。如果抵押到期还无法还款，连他唯一的房子也将被银行收购。再加上还要偿还借来的钱，汤姆感到无比绝望。

理财专家的理财秘笈

任何投资都有风险，而股市瞬息万变，谁都无法说自己绝对会赚。把所有资金全部投入股市，是非常不明智的做法，借钱炒股更是错上加错。

Lesson 8 谨慎入市

Financial Experts

霍希哈是一个非常成功的证券投资商,他做事稳健,从来不会冲动行事。他在投资时一直秉持这样的原则——除非对内情十分了解,否则千万不要购买减价的物品。他所做的每一个决定都建立在"充分掌握第一手资料"的基础上。

一九二九年春季,世界经济危机即将到来。当时霍希哈正打算用五十万美元在纽约的证券交易所买一个席位,但他突然放弃了这个念头。

事后他回忆道:"当你发现几乎所有的美国人都在谈论股票,连律师都停业开始去做股票生意时,就应该意识到这一切不会持续很久。人们根本不问股票的种类和价格就疯狂购买,只要一有差价就会卖出,这样的现象让我无法安心。所以我在八月份就卖出手中所有股票,最后赚了四百多万美元。"就是这个明智的决定让霍希哈逃过一劫。

理财专家的理财秘笈

其实炒股并非无章法,在如今的社会中,股票投资尤其要谨慎,一定要事先收集、分析和判断各种情报,以免承受不必要的损失。

Lesson 9 及时退出

Financial Experts

路易斯毕业之后就投入创业大军,成为自主创业军团的一员。一开始资金并不充裕,每一分钱都是他用汗水辛辛苦苦换来的。所以平常他总是能省就省,舍不得多花一分钱。经过几年的辛苦,路易斯有了一笔积蓄。

后来,路易斯发现,身边有很多朋友都在进行股票投资,有的还赚了不少。他心想,自己每一分钱都是辛苦钱,而他们什么事都没做,钱却能轻松入账。想到自己平时的辛苦,他再也无法抗拒诱惑,毫不犹豫地把所有积蓄投入股市。

但是路易斯没有任何投资经验,对股市更是一窍不通,资金很快就被套牢了。眼看着股票一直下跌,路易斯却一点办法都没有。好不容易等到出场的时候,已经亏损过半了。

经过这次失败,路易斯明白了一个道理,那就是——天下没有白吃的午餐,一定要谨慎对待每一笔投资,千万不要随便进入不熟悉的行业和领域。

有了这次的教训,路易斯决定不再进行股票投资。很快的,他重新检视自己,认为自己较适合从事实业投资,毕竟在这方面有多年实战经验,做起来会更得心应手。

理财专家的理财秘笈

依靠炒股赚钱并不是一件容易的事情。对于不熟悉股市的人来说,贸然进行股票投资是很不明智的,盲目进入股市无异于将资金露出来给小偷看,风险很大。投资者如果对股市完全没有概念,不如及时退出。

Lesson 10 逆向思维

Financial Experts

证券分析师丁洋原本只是一个普通的大学生，他凭着自己的努力，终于在金融业闯出一片天。

丁洋很小的时候就展现出对理财的兴趣和天分。家境不错的他，每年都会利用暑假打工来赚取零用钱。在他上高中的时候，每到暑假都会去卖报纸。他选择了周末发行的《电视报》，卖出一份就可以得到两分钱利润。每个星期他都要批发一千份报纸。

为了能在周末将这一千份报纸卖完，他总是想尽各种办法。他没有固定的摊位，只能沿街叫卖。有时候觉得实在卖不完，便请同学和其他孩子一起帮忙卖。他将自己手中的报纸批发给他们，并将赚得的收入分一半给他们。

暑假过完之后，丁洋总共赚了一百块。钱虽然很少，但是丁洋却从中学到很多，为他日后的理财之路奠下基础。

大学毕业后，丁洋到一家电台上班，接受了一份别人不愿意做的工作——报股价。

当时证券还没有网络交易，大多数人都是通过报纸来了解市场行情，但是这样很不方便，所以电台和股市有关的节目都很受欢迎。

每天重复播报股票价格实在枯燥，丁洋却从这份工作中体会到独特的乐趣，他对股市的各种资料深深着迷，认为股市将是自己创造财富的下一个阵地。

于是他开始学习相关知识，一段时间的研究和学习之后，他自己设立了一个小账户。最初只是小试身手，随着账户里的资金不断增多，更坚定了他从事这一行的信心。后来他放弃原本稳定的工作，正式成为职业的投资理财师。

为了能在这个行业中站稳脚跟，他每天都在电脑前做大量的准备工作，研究相关资料，并画好第二天可能出现的图形。

在学习他人经验的基础上，丁洋创立了一套属于自己的"骇客"理论，并根据实战经验和自己擅长的短线搏杀写了两本专业书籍。在他看来，一轮大行情必须要有超级的机构来建仓，需要完成散户资金的彻底转换，所以逆向思维才是中小投资者获利的基础。

他的这种逆向思维，真正把握了核心资产的运作模式，等待合适的机会出手，就是丁洋成功的秘诀。

理财专家的理财秘笈

股市经常违背大多数人的意愿发展，所以有时候投资成功与否，关键就在投资者是否拥有独特的投资思维。的确，在习惯跟风的股市中，用逆向思维来考虑问题需要很大的勇气，但是这也意味着投资者会成为股市中为数不多的赢家之一。

Lesson 11 不计得失

Financial Experts

从前有一座山，山上的寺庙中住着一位老和尚，这位老和尚是个佛法无边的高僧，也是这间寺庙的住持。在山脚下有一个证券公司，和寺庙遥相对应。

一天，寺庙里面来了很多炒股的人，他们都在佛祖面前烧香许愿，希望佛祖能帮他们脱离苦海。

善良的老和尚问他们究竟发生了什么事情。这些人对老和尚说："股市大跌，我们的资金都被套牢了，现在损失惨重，根本不知道该如何脱身。"

老和尚慈悲为怀，心想："我不入地狱，谁入地狱？就让我下地狱去解救他们吧！"于是他变卖了所有财产，买进了他们的股票，帮他们脱了身。

过了一段时间，股市出现好转，股票开始上涨，想要买到一档股票都很难。于是之前的那些香客又纷纷跑上山，为买不到股票而发愁。见此情景，老和尚又把所有的股票全部卖出。

这样来回几次之后，老和尚赚了很多钱。大家都向他讨教炒股的经验。但老和尚只说："我没有秘诀，只是没有太多欲望，纯粹想要帮助大家。"

理财专家的理财秘笈

在股市上想赚钱并不简单，投资者要尽量保持平常心。如果心情总是受到变幻莫测的股市影响，不但不利于理财，也会影响生活品质。

Lesson 12　看清牌再出手

Financial Experts

一九二九年，邱吉尔在老朋友伯纳德·巴鲁克的陪同下参观了美国的华尔街股票交易市场之后，被那里的气氛所吸引。他认为对自己来说，炒股赚钱实在是太简单了，于是就要巴鲁克为他开了一个户头。

谁也没想到，精明能干的邱吉尔第一次投资股票就被套牢了。很快，他就将目光投向另外一支英国的股票。他认为这家公司的底细自己知道得一清二楚，一定能赚钱。但是这一次，股价也没能像他预料的那样一路高歌，反而快速下滑，到了最后，他又被套牢了。

这样折腾了一天，到了下午收盘的时候，邱吉尔惊讶地发现，自己已经负债累累了。

就在这个时候，巴鲁克将一个账本递给他，令人惊讶的是，上面记录着另一个邱吉尔的辉煌战绩。

原来，巴鲁克早就知道，在股票市场上，即便是像邱吉尔这样精明能干的人，他的聪明才智未必能派上用场。又因为他刚刚进入股市，对市场行情还不了解，赔钱是必然的。于是他就吩咐手下的人帮邱吉尔另外开了一个户头，那个"邱吉尔"怎样操作，这个"邱吉尔"就进行完全相反的操作。正因为如此，邱吉尔才没有成为负债累累的"负翁"。

对于这一次的股市经历，邱吉尔从来都没有向任何人提起，直到巴鲁克在自己的回忆录中提到这件事，才为世人所知。

> **理财专家的理财秘笈**

对于没有任何专业知识就进入股票市场的投资者，巴菲特曾说了这个比喻："打牌不看牌，只有输的份。"

Lesson 13 后悔理论

陈鹏浩很想成为理财规划师，一有时间就在家里研究投资。经过一段时间的了解，再评估自己承担风险的能力，他决定开始投资股票。

进入股市之后，大盘很快就开始高位下跌，陈鹏浩做好了随时抄底的准备，但是当下跌到他的预设点时，他觉得还可以继续下跌，这样他就可以以更低的价格买进，所以决定继续观望等待。就在他等待大盘继续下跌的时候，没想到大盘又开始扶摇直上，很快就超过了他当初设定的买入最低点。无奈之下，陈鹏浩只好跟着追涨。

随着大盘的继续上涨，陈鹏浩认为市场上已经累积了相当大的风险，但是却舍不得利用目前上涨的形势来赎回。之后大盘又开始震荡下行，他又错过了股市交易的最高点。当他决定赎回的时候，惊讶的发现扣除手续费之后，他所获得的利益和同期的银行存款利率相比只高了一点点，这时候陈鹏浩后悔莫及。

陈鹏浩的这种心态就是金融学中典型的后悔理论，在投资者做出决定的时候，因为犹豫不决，错过了最佳的买入和卖出机会，没能实现利益最大化，因而产生的一种后悔的心理状态。

理财专家的理财秘笈

这个故事告诉我们，投资者在进行股票投资的时候，做决定一定要果断，只要达到了自己预期的目标就应及时出手。因为犹豫只会造成利益损失，让自己后悔。

Lesson 14 别轻信传言

Financial Experts

一个生前从事石油勘探的人在死后要进入天堂，但是上帝拦住了他，告诉他一个非常糟糕的消息："虽然你生前做了很多好事，但是现在天堂里面和石油有关的职业已经额满了，我没有办法把你安排进来！"

这个石油勘探者听完之后，思考了一会，对上帝提出了一个要求："您能不能让我进去和那些人讲一句话。"上帝答应了他的这个要求。

于是，这个人对着天堂大喊了一声："地狱里面发现石油啦！"

只见他话刚说完，天堂里面所有从事和石油相关职业的人都一窝蜂跑向了地狱。上帝看到这个情形之后非常吃惊，并安排他住进天堂。但是没想到这个石油勘探者却说："不用了，我也想和他们一起去地狱碰碰运气，说不定真的会有石油出现。"

这个寓言故事说明了股票投资者盲目跟风的行为。听了石油勘探者随意说出的一句话，那些住在天堂里面的人未加证实就全都跑出去了。更加讽刺的是，这个谣言本来就是石油勘探者自己传出来的，最后竟然连他也想跟着去地狱。

理财专家的理财秘笈

股票市场会经常出现波动和变化，究其原因，很多时候不是因为股市本身收益的变化，而是因为部分投资者盲目跟风所致。股市上一旦有传言出现，投资者便不加证实的一窝蜂跟过去。正是因为这种盲目投资的行为，才会造成股价变化莫测。

Lesson 15　声东击西

Financial Experts

投资商李玉钟手中有一部分台苯股，但是他却多次向证券管理委员会申请将这些台苯股售出，这样他就有大量的资金来购买台橡股。

其实，李玉钟虽然申请售出的台苯股数量很多，但实际上卖出的股数非常少。但是外界并不知道事情的真相，只知道有一个大户利用出售台苯股的资金来投资台橡股。这样台橡集团年底的盈利就会增加，到了第二年，股票获取的利益将会更加丰厚。所以很多投资者都纷纷购买台橡股，台橡股的价格连跳三级，从原来的四十几块涨到九十几块。

就在这时候，李玉钟以迅雷不及掩耳之势让出了台橡股。就这样，他巧妙的利用了声东击西的战术，让自己两方获益。

还有一次，万有纸业股的大户在股价为五十元的时候，开始申报出售股票。在短短一个月之内就卖出了四百九十万股股票，导致万有纸业股的价格大跌。

当很多投资者正在为三十多块的万有纸业股发愁的时候，李玉钟却将自己手中五十一点一万的股票全部卖出了。于是万有纸业股的股价迅速下跌，犹如滔滔江水，一发不可收拾。

此时，李玉钟却又开始将万有纸业股的股票全部回收。一个星期之后，因为土地改变，万有所属的土地价值增长了三倍。很快万有纸业股的价格就回升到了五十多块。

李玉钟就趁此机会，把他回收回来的股票倒出来，又赚了一大笔钱。

理财专家的理财秘笈

"声东击西"在军事上是用来迷惑敌军的。在股市上运用这种战术，也能发挥相当的影响力。

Lesson 16　试过才知深浅

Financial Experts

　　着名的经济学家郎咸平曾在二〇〇七年九月的时候，对股市和楼市发表过自己的看法。在他看来，"目前的股市和楼市都存在着一定的泡沫"。

　　但是没过几天，着名的投资大师罗杰斯对当前的A股发表了自己的看法，他认为A股现在并不是泡沫，只是处于潜在泡沫的阶段。

　　他们两位一个是着名的经济学家，一个是着名的投资专家。但是他们对于股市的现状却有着截然不同的评论和预测。这下可苦了广大民众，他们不知道究竟该听谁的。

　　这种情况很像一则寓言故事，就是《小马过河》。

　　这则寓言说的是有一只小马要过河，但不知道水的深浅。一头牛告诉它说，水一点也不深，但是旁边的一只小松鼠却提醒它说河水很深。小马一时之间也不知道究竟该听谁的话，所以跑回家去问老马。

　　老马告诉小马："牛和松鼠说得都很有道理，但那只是根据它们自身的条件来进行的判断。因为牛长得高大，所以河水对它来说并不深，但是小松鼠很矮小，所以会觉得河水很深。"

　　小马明白了其中的道理之后，很快就过了河。等到它下了水才知道，河水不深不浅，刚好到它的肚皮而已。

理财专家的理财秘笈

对于股市未来走势如何，不同的专家有不同的说法，当他们意见相左时，切记，只有亲自体验才是真的，别人的话仅供参考，不是"圣旨"。

Lesson 17　宁可少赚，不要摔跤

Financial Experts

张子露是股市中的一个传奇人物，被誉为"不倒翁"，因为在他涉足股市的四十年中，一直处于不败之地。

提到张子露的传奇经历，要从一九五一年开始说起。那时台湾实行耕者有其田的政策，征收地主的田地，政府发给他们实物债券和百分之三十的"台泥""台纸""农林""工矿"等四大公司的股票作为补偿。

当时人们对股票还很陌生，而且还没有完全脱离通货膨胀的影响，所以那些地主都很担心股票会继续贬值。这时候，金融交易经验丰富的张子露就做起了股票生意。

他在自己的家门口贴出"高价收购四大公司股票债权"的告示，用每股一点五的价格买进，再用一点五五的价格卖出。虽然每一股的价差很小，但是因为数量非常多，所以他获得了相当丰厚的差价利润。

张子露之所以能成为股市中的不倒翁，和他的投资哲学密不可分。他认为，股市中就应该用投资的方式进行投机。你不能期望在股市中赚得最多，而应该追求赚得最稳。股市就是用金钱和财富堆积起来的，里面有赚不完的钱。所以错过一次机会并不可惜，因为股市中到处都是机会。他告诫广大的投资者，不要急于争抢赚钱的机会，宁可少赚一点，也不要在股市中摔跤。有的人摔倒之后还可以站起来，但更多人摔倒之后就再也站不起来了。

理财专家的理财秘笈

正如张子露所说，股市中到处都是赚钱的机会，不要因为急于赚钱，而让自己在股市中失去立足之地。只有站在其中，才可能抓住机会。如果跌倒了，只会与机会擦身而过。

Lesson 18 无心插柳柳成荫

Financial Experts

　　钱玉坤是个股市经纪人。有一家新的公司上市了，很多投资者看好这家公司的股票，纷纷打电话给他，请他协助购买。于是他用每股十元的上市价同时替他们买进。这支股票在上市之后，表现果然不错，价格一路上涨。

　　他记得当时第一个人是以十一元的价格卖出的，随后就有很多人陆续卖出了。有人用每股二十的价格卖出时，就已经很惊喜了。距离他帮忙买进股票不到三个月的时间，所有人的股票都卖光了，他也很快将注意力转移到其他股票上。

　　过了两年，突然有一位很久没有联络的顾客来电，说他手上还有三百股当年那家公司的股票，希望钱玉坤能够帮自己处理掉。钱玉坤马上去查了一下那支股票的价格，令他吃惊的是，股价已上涨到每股两百四十元了。

　　钱玉坤对他如此长期持有感到非常好奇，想弄清楚究竟是什么原因。

　　这位顾客告诉他，当年他买完这支股票之后就生了一场大病，住院治疗。一住就是大半年，当时以为自己就快要死了，根本没有心思注意股票的事情。最近状况比较好，在清理东西的时候才发现，自己还有这支股票。

理财专家的理财秘笈

在进行股市投资的时候，要用一颗平常心来对待，不要过分计较一时的得失，说不定会有意想不到的收获。

Lesson 19 抓住机会

Financial Experts

小王和小张任职于同一家外贸公司的同一个部门,两人交情还不错。

两年前,基金市场呈现出一派欣欣向荣的景象,升值空间很大,于是小王决定投资基金。因为当时股市正处于低谷期,价位偏低,所以小王认为,如果此时投资股票型基金,将来一定可以收到不错的回报。还有很重要的一点,因为平时自己的工作比较忙,没有时间整天看盘,而投资基金则有专家替自己看着,这样也不用花太多额外的时间。

果然,就在小王投资半年之后,股市开始大涨,基金也翻了好几倍,小王一下子就获得了数倍的回报。

小张看到小王赚了那么多钱,也决定去投资。可是这时股市正处于牛市,股价偏高,此时入市对自己非常不利。小王劝小张再等一段时间,等价格稍低再购买,可是小张并没有将他的话放在心上,很快就买了一支快速升值的股票。

没过多久,就如小王所预料的,股票开始下跌,小张所买的那一档股票也难逃厄运。更不幸的是,股市很快就遇到"黑色星期二",小张所有的资金都被套牢了。

理财专家的理财秘笈

想要在股市中获取丰厚的利润,一定要先看清楚股市的发展趋势,再出手购买。

Lesson 20　追涨杀跌

Financial Experts

猎人捕到了一只会说话的小鸟。小鸟对他说："你把我放了，我就给你三个忠告。"猎人却要求小鸟先告诉他，然后才能放了小鸟。

小鸟说："第一个忠告就是，做事情千万不要后悔；第二个忠告就是，如果别人告诉你一件你认为不可能的事情时，千万不要相信；第三个忠告就是，如果你爬不上去了，千万不要再白费力气。"

小鸟说完之后，猎人也遵守诺言把小鸟放了。

很快小鸟就飞到了树顶上，对猎人说："我的嘴里有一颗很大的夜明珠，但是你却把我给放了，真笨！"

猎人听了非常懊悔，很想再一次捉到这只鸟，于是他开始用尽全力往树上爬。爬到一半的时候，树枝断了，猎人掉下去摔伤了腿。

这时小鸟开始嘲笑猎人："我刚才已经告诉过你三个忠告，可是你全都忘记了。先是后悔把我放走了，然后轻易的相信了我所说的话。你看我的嘴那么小，显然不可能放得下一颗很大的夜明珠啊！最后，你不自量力，只能从树上摔下去。"

这个故事告诉我们在炒股过程中经常遇到的三种情况。

第一种就是后悔。看着其他股票都在上涨，只有自己的股票毫无动静。这时投资者不是后悔自己买错了股票，就是马上售出清仓。但是才一卖出，就又开始大涨，让投资者追悔莫及。第二种就是随意听信别人的话，尤其是新的投资者。他们每天都会聆听各种小道消息和内幕，结果无从选择，只会跟在别人屁股后面盲目购买。最后一种就是追涨杀跌，只要看到哪一档股票好，就不顾风险的一头栽进去，却落得一场空。

> **理财专家的理财秘笈**
>
> 追涨杀跌是股市中常见的现象，看到高价就卖出，看到低价就买进。在进行交易的时候，一定要保持清醒的头脑，懂得辨别真假，并意识到其中的风险。

Financial Experts

一天一堂课,受用一辈子!
· MEMO 理财专家随身笔记 ·

Yes! You are the ONE!
你就是自己的理财专家

九月 September
理财专家的风险管理

投资与风险向来分不开，收益愈高的投资方式，风险也就愈大。理财时，不能只考虑利益而忽略风险，也不能只看风险而不敢投资。每个投资者都要有适当的风险意识，避免投资盲点。

Financial Experts

Lesson 1　存款也有风险

Financial Experts

美国联邦法律规定，美国银行存款保障的上限是十万美元。也就是说，如果客户的存款在十万美元以内，万一银行倒闭，储户就不会受到损失。

有一家银行因为财务问题而被联邦政府勒令关闭。经过停业整顿后，银行由新的管理者接管。后来，银行陆续通知存款人去提款，许多存款在十万美元以内的人都能领回全部存款。不过，也有很多人的存款超过了十万美元，甚至更多。由于银行制度，他们超出十万美元的积蓄也只能化为乌有，实在可惜。

理财专家的理财秘笈

任何投资方式都有风险，甚至连存钱也有。不要以为把钱存在银行就很安全，其实不一定。上述事件就是一个非常好的例子，无论做任何投资都要事先评估风险，设法保护自己的财产。

Lesson 2 任何投资都有风险

Financial Experts

劳埃德是一位犹太美术商。一九四八年,他带着十万美元在伦敦创立了"玛尔伯勒高雅艺术陈列室",最初是替英国一些贵族和富豪出售他们收藏的美术品,但由于收益不大,第二年就改行,转而出售当代艺术家的画作。由于他经营有方,短短五年内,他的美术馆就成为英国最大的美术品代理商。

其实劳埃德只能算是一个商人,他不会欣赏作品的艺术价值,只关心这些艺术品能卖多少钱。因此,他采用纯商业交易,馆内所有作品都是代销的,每卖出一件,他会向创作者收取一定的佣金。

劳埃德善于营销,他的美术馆不仅提供展销场地,还负责艺术品的广告宣传和邮寄运输,为合作的艺术家提供全方位服务。因此,许多艺术家纷纷把自己的作品交给他代销。

劳埃德也不负众望,他总能将手中的艺术品以最高价卖出,且不管销售情况如何,美术馆都会事先给予艺术家生活津贴,这也让他的美术馆在世界各国享有盛誉。

有一次,劳埃德与一位着名的艺术家签约,合约规定,在之后八年内将由劳埃德的美术馆独家代理他的作品。为支付这位艺术家的高额订金,劳埃德甚至向当地银行贷了一笔款。没想到,在合约生效的第二年,这位艺术家去世了,这让劳埃德措手不及。为了剩余的合约金额,他与这位艺术家的家人陷入长达三年的诉讼纠纷。

尽管如此,劳埃德仍没有改变自己的经营策略。在他看来,任何投资都有风险,遇到风险时,就要积极面对。

理财专家的理财秘笈

任何投资都无法规避风险,若是因惧怕风险而退缩,只会错失良机。劳埃德明知艺术市场存在风险却依然投资,可谓魄力非凡。

Lesson 3　避免一次投入

Financial Experts

　　大学毕业后，哈利认为洗衣机的市场潜力很大，就决定出手投资。他信心十足，认为这项投资一定能为自己带来丰厚收益。

　　通过各种方式，哈利向银行贷款几十万，全部投入洗衣机的生意中。

　　哈利瞧不起身边做小本生意的朋友，认为他们只能赚小钱，自己则要轰轰烈烈大赚一笔。

　　哈利的自负，让他对风险视而不见。他只想扩大经营规模，把自己的公司愈做愈大，甚至在办公室里贴出"大＝好"的标语。为了将生意做大，哈利投下巨资规划了两条生产线。

　　这时，哈利的债务总额随着规模扩大而不断提高，但是他毫不在乎，一点也不担心。他的想法是，一旦公司运作上了轨道，获利就会倍增，到时还需要担心这些债务吗？

　　然而，当哈利的公司上了轨道后，现实却不如他想象的那么简单。他的产品知名度低，无人问津，再加上对手的强势竞争，让他完全招架不住。因此，他很快就陷入经营危机，濒临破产。

▶ 理财专家的理财秘笈

投资时要谨慎行事，不要孤注一掷，而应有计划、有步骤地进行。面临危机时，拥有足够的周转资金，才能游刃有余地应对、处理。

Lesson 4 贪心的后果

Financial Experts

一位贵妇养的京巴犬走丢了，贵妇很着急，就在当地的电视台发布一则寻狗启事，表示谁能找到她的狗，就可获得五万元酬金。

这则寻狗启事播出后，有许多人送狗来，但都不是贵妇家那只。

贵妇的丈夫对她说："我认为，一定是捡到狗的人嫌酬金少，因此不愿意送过来。我们把酬金提高吧！"

贵妇听从丈夫的建议，将酬金增加到十万元。

其实，贵妇的狗被一个乞丐捡到了。当时乞丐正躺在公园的长椅上睡觉，醒来后发现长椅下躲着一只非常可爱的小狗，便将狗带回家养。

乞丐并没有看到第一则寻狗启事，却在第二天晚上看到第二则启事。当他发现送回狗的报酬是十万元时，真是欣喜若狂。

翌日清晨，乞丐就抱着狗前往贵妇住处，准备领取十万元酬金。但他经过一家卖场时，发现卖场外的大萤幕上又在播放贵妇的寻狗启事，不过酬金已经涨为二十万元。

乞丐心想："启事上的酬金每天涨一倍，这只小狗一定很值钱。若是过几天再送还，酬金绝对会更高。"于是，他改变主意，抱着小狗回到自己简陋的家。

第四天，启事上的酬金果然又涨了一倍，变成四十万。

接下来几天，乞丐一直盯着大萤幕上的寻狗启事，每天酬金都会变多，最后竟突破了一百万。

这次乞丐终于忍不住了，他回家准备抱狗去领赏，却发现小狗已经死了。

理财专家的理财秘笈

投资不能太贪心，获得预期收益就该收手。如果太执着于得失而不愿收手，可能会像故事中的乞丐一样，换来一场空。

Lesson 5　充分评估风险，冷静面对亏损

Financial Experts

张太太退休后，一下子轻松起来，于是就向邻居学习买基金。

不久，张太太与丈夫商议，决定用一半的积蓄购买基金。她在网络上查了许多资料，最终挑选了一支绩优基金，以每股净值十二元的价格购买了七十二万的基金。

从此，她的生活就多了一个新行程：每天下午三点股市收盘前，她都会和先生去证券公司查看那支基金的涨跌情况，晚上还会在家上网分析这支基金当天的净值。

后来，张太太和丈夫出国旅行半个月，回来后发现股市早已下跌，她购买的那支基金净值只剩九元。不过张太太早有心理准备，并不担忧，也没有将其赎回。她每天仍然固定下午看盘，晚上查资料。

两个月后，大盘开始回升，张太太那支基金的净值也在不断上涨。又过了两个月，便涨到十四元，张太太因此小赚了一笔。

张太太十分感激邻居为自己介绍投资基金的知识，正准备向他道谢时，却发现对方在基金第一次探底时就将所有的基金赎回，不但没赚到钱，还赔了不少。

张太太庆幸自己没有在市场的反复涨跌中慌了手脚。

理财专家的理财秘笈

张太太在入市前对风险做了充分评估，才能在基金净值暴跌时冷静应对，承担了亏损压力，最终获利。

Lesson 6　认清投资环境

Financial Experts

白先生是一个都市上班族，但他的家乡在一处偏远山区。

有一次，他回乡探望父母，在山区散步时，看见旁边的山泉。他想起小时候常喝这里的山泉水，清凉甘甜，非常好喝。想着想着，便觉得这山泉具有开发价值。

他请来专家鉴定，果然是富有矿物质的优质矿泉水。得知检验结果后，他内心狂喜不已，立刻决定投资建厂。他开始贷款、选厂址、招聘员工……经过几个月的努力，矿泉水罐装厂在他的家乡正式建成。

然而，在工厂落成那天，白先生面临了新问题，就是如何将包装好的矿泉水运送出去。工厂地处偏僻山乡，只靠一条曲折的羊肠小径与外界相连，货车根本无法通行。

若要运送矿泉水，必须另外修建一条平坦山路，但修路资金是建厂资金的十倍，他没有办法承担。

白先生无计可施，看来新建的工厂开不了工。万般无奈下，他只好放弃这家工厂，空手回到城市。为此他赔上了所有积蓄，还欠银行大笔贷款。

理财专家的理财秘笈

进行投资之前，务必对整体环境有所了解，掌握各方面的相关资讯，并评估各项条件的优劣。有效掌握形势，尽可能地避开风险，才能争取更大利益。

Lesson 7　鸡蛋不要放在同一个篮子里

Financial Experts

有一家农户养了五十只鸡，每天都能收许多鸡蛋。这一天，女主人听说集市上的鸡蛋价格上涨一半，心想正好可以把自己的鸡蛋拿到集市上去卖，趁机多赚点钱。

女主人为了能多卖些鸡蛋，就找了一个大篮子，把所有鸡蛋都放进去，准备背到集市上卖。

丈夫见她这么做，就劝她："这个大篮子装了太多鸡蛋，你背不动，篮子也承受不住。我劝你还是分装在几个小篮子里吧！"

女主人毫不在意的说："你看看，这些鸡蛋能有多重，去年我还背过更重的一麻袋米上山，一点都不累。再说，我们家的大篮子结实得很，你就不用担心了。"

丈夫再三劝阻，女主人却根本听不进去，两手提着篮子就要出发。没想到她用力一提，篮子底部真的裂开，所有鸡蛋都摔破了。

理财专家的理财秘笈

虽然鸡蛋不论放在哪里都有摔破的风险，但多放几个篮子，风险就被分担了。如果摔破了一篮鸡蛋，还能保有其他没摔破的。投资也是如此，要学会分散风险，就算某个项目出现问题，至少不会拖垮整体利益。

Lesson 8　隔行如隔山

Financial Experts

　　有一段时间，城镇内刮起一股收藏投资油画的旋风。黄先生看到身边一些朋友在美术馆买的几幅画，在家里没挂几天就被别人用更高的价钱买走，他也有些心动。心想，自己从事山水画行业十几年了，何不试着投资看看？

　　当黄先生向专家咨询后，才发现山水画和油画是两回事，与他所想的完全不一样。不过那时关于油画拍卖的新闻铺天盖地，黄先生实在按捺不住求财心，简单了解画展和拍卖行的基本情况后，就请了两位朋友做参谋，去拍卖行竞标那些油画。

　　拍卖会正式开始了，竞价十分激烈，底价一千元的油画要翻到五千元才能成交。听着拍卖场上不断加价的喊声，黄先生也激动了起来。看到自己中意的油画，也不管是否超出底线，只顾不停地举牌。最终他以极高的价格拍得喜欢的油画，拿在手里，黄先生心里乐开了花。

　　他把这幅油画挂在家里。几天后，有位同事来他家做客，看到这幅画后，问他是从哪里购得的。黄先生如实相告，同事一听却惊讶的对他说："你上当了，这幅油画根本不是大师作品，只是临摹的，市场价绝不超过八百元。"

　　黄先生这才明白自己吃了大亏。

理财专家的理财秘笈

黄先生熟悉的是山水画，对油画则缺乏鉴赏能力，他却偏要投资自己不熟悉的油画领域，结果吃了大亏。选择投资项目时，切记隔行如隔山，对于不熟悉的领域，即使收益再好，也不要盲目跟风。

Lesson 9　孤注一掷不可取

Financial Experts

张明哲是一家大型企业的员工，收入颇高，再加上省吃俭用，因此有了一百万的存款。

有一次，张明哲听说一位朋友正准备转让名下的一家饭店，便动了经营饭店的念头。有了这个想法，他立刻辞职，并取出所有积蓄，还向亲友借了一笔钱，准备大干一场。

当张明哲投入所有资金后，却发现只够买下饭店。至于进货和装修、广告宣传等等，他便毫无预算。

最后，他决定将住房出售，好不容易才解决问题。他们一家人因为没房子住，只好暂时住在饭店房间。

不久，张明哲的饭店开业了，但每日的顾客少得可怜。为扩大客源，他的妻子只好再设法贷款，加强饭店的营销活动，才勉强渡过难关。

如今，饭店生意总算好转，但仍然没有获利。张明哲一家人整天忙得团团转，为了营业额担心不已。张明哲开始后悔当初孤注一掷，不考虑后果。现在他只能艰难度日，不知何时能熬出头。

理财专家的理财秘笈

投资理财千万不可孤注一掷。市场风险难测，没人能保证你的投资一定有回报。一旦投资失利，你不仅将承受巨额损失，家人也得一起受苦。

Lesson 10　见好就收

Financial Experts

张达人和李富仁是邻居，也是好朋友。

张达人很早就开始炒股，然而不论是牛市还是熊市，他总是赚得少赔得多。因此，虽然他已炒股多年，却没有赚多少钱。

李富仁不炒股，因为工作忙碌，也没有兴趣。不过有一次，他见同事炒股，并说今年经济形势良好，股市行情必定一路高涨，就动了心，也想买股票。于是他找张达人请教经验。

张达人不厌其详的向李富仁传授有关炒股的种种知识及注意事项，为他指出哪些股票前景最好。李富仁大致了解后，经过慎重考虑，决定用三十五万购买自己中意的两支股票。他买的这两支果然是绩优股，过完年就开始持续上涨。到了六月份，李富仁估算自己已获利六万元。

张达人也买了这两支股，他每天看着不断攀升的指数，开心不已。

到了七月份，这两支股票的上涨幅度明显变缓。李富仁预感到情况会变糟，一周后，许多股票都在下跌，他一看形势不妙，便想收手。

李富仁向张达人请教，张达人却认为现在价格走低只是暂时的，到八月份一定会回升。

但李富仁却不这么想，他不看好后续趋势，况且现在卖出还能获得不小的收益，因此当天就抛售了这两支股票。

张达人则是持续等待着股市的反弹，哪知跌幅却愈来愈快。李富仁劝他赶快出手，他却不甘心，仍旧期待奇迹出现。

八月到了，股市没有出现张达人期待的奇迹，他不得不忍痛出手。可是他出手的时间太晚，不但没赚到钱，还赔了超过一半。

理财专家的理财秘笈

张达人炒股一直是赚少赔多，原因就是他太执着于利益，不懂得见好就收。投资风险无处不在，适时收回是一种智慧，能将风险降至最低。

Lesson 11 把现款放在银行保险柜

Financial Experts

一天,犹太富商狄蒙德接待了一位从法国来的客户。双方洽谈成功后,法国客户问:"请问,我想观摩一下您的现金保险柜,可以吗?"狄蒙德同意了。

随后,狄蒙德就把他带到一家大银行,直奔银行地下室,然后打开装满现金的保险柜。法国客户很吃惊,保险柜里既有现行的各种货币,也有十几年前的旧币,还有一些金砖金条,总值约五六百万美元。法国客户感到不解,就问:"这么多钱,你怎么放心放在保险柜里呢?"

狄蒙德回答:"在我看来,银行的保险柜最安全可靠,有一流的安全防卫设备,所以我很放心。"

法国客户又问道:"为何不把钱存入银行,赚些利息呢?"

狄蒙德笑了笑,说道:"你这么说就不对了。将钱存入银行的确能获得利息,但物价始终居高不下,而且还不断上涨,银行里的钱过几年、十几年也不会增长多少,实际上是在贬值。更重要的是,如果我去世了,银行的存款要留给我的子女,还必须向国家缴纳高额遗产税,到时我的子孙能分得多少?而我将现金放入保险柜,的确,它的价值也没有增加,却可以避免在银行做财产登记。这样不仅能保证安全,也能避免财产被法规条例所束缚而遭受损失。"

犹太人素来崇尚"现金为王",他们不认同将钱存入银行,觉得这样的存款还不足以抵偿财产贬值带来的风险。相反,存入保险柜的现金,可以随取随用,就不需面对这种风险。

理财专家的理财秘笈

"现金为王"的想法很多人都有,但将所有现金随身携带并不妥当。狄蒙德的做法可供我们参考。

Lesson 12　目光放长远

Financial Experts

有个私人企业老板，看到同行生产了一种新的塑胶产品，在市场上极受欢迎，他眼红又心急，赶紧向银行贷了款，铁了心要进入这个行业。

一切准备妥当后，老板准备投入生产。正在此时，他的经理劝他说："老板，我们公司生产这种产品的生产线还没有测试好，尚需三个月才可以。所以，我建议您延迟三个月再生产。到那时，我们的产品品质将比现在的高出很多倍，一定能赢过对手！"

但是这位老板却不以为然，他不高兴地说："延迟三个月生产，会让我们公司失去近百万的利润，你用脑子好好想想！"

产品经理见老板如此固执，只好听从他的命令，马上开工生产。

然而工厂设备老旧，生产出来的塑胶产品不但卖相差，品质也不高，根本没人要买，大量余货堆在仓库卖不出去。

这个老板终于大梦初醒，后悔不该不听产品经理的劝告。他重新投入巨资，对开工几个月的生产设备进行技术改造，整整花了五个月的时间才改造完成，新设备生产出来的塑胶产品果然结实耐用，在市场上很受欢迎。

理财专家的理财秘笈

许多人在投资时总是心浮气躁，一味追求眼前利益，而不顾实际限度。这种做法也许能一时获益，却难以维持长久发展。在投资时，目光要放长远，否则只会害了自己。

Lesson 13　重视银行的力量

Financial Experts

石先生是一家私人企业的老板，他二十岁就涉足商海，凭着十几年的努力，最后成立了自己的公司。

他成功后，觉得以前向银行借贷是很没有本事的。如今他有了实力，相信凭自己的力量也能做成大项目，便对银行借贷不屑一顾。

有一次，石先生争取到一项巨大的投资项目，这一专案对当地城市有着指标性的意义，因此受到社会各界的关注。

如此庞大的专案，按照流程，本应该先向银行借贷，当地银行绝对会答应，然而石先生却狂妄自大，一心想炫耀自己的实力，就对外界扬言，绝不会向银行借一分钱，凭个人资产就能完成这个项目。

可惜，这一专案所需资金太多，他筹集的运作资金很快就用完了，他想尽办法也无法填补余额。

在如此艰难的时刻，他仍没有醒悟，不肯向银行求助，而是将手头的股票、证券变卖，用所得的有限资金投入该项目。但这些资金根本没有多大的作用。最后，石先生不得不将此项目转让他人。

石先生不仅没能完成项目，还赔上自己所有资产，损失惨重。

理财专家的理财秘笈

也许你财产丰厚、生意兴隆，但还是不该忽视银行的力量。向银行借贷，已经成为投资的一道程序。首先能解决你的资金周转问题，其次有利于与银行建立关系。将来当你真正遇到危机时，银行也会为你提供资金支持。

Lesson 14　愈熟悉，风险愈小

Financial Experts

二十五岁的丹麦青年李曦萌大学毕业后，就在上海投资做生意。然而他似乎缺少经商头脑，做的几笔买卖都没赚到钱，正当他不知所措的时候，一位同学提醒他："你不是会吹萨克斯吗？"

一语惊醒梦中人，当天李曦萌就在一家高级夜总会找到一份现场演奏的工作。

解决了温饱问题，李曦萌就开始反思这半年来做生意的失败经历。他发现，以前做的生意虽是大买卖，但自己并不熟悉；现在吹萨克斯，虽然只能养家糊口，却是自己的专长，因此很快就能上手。

后来，李曦萌想起大学期间曾遇过一位很有名气的木材商，对方曾向他抱怨说，非洲的木材与北欧的木材品质差不多，但在国际市场上总是乏人问津。李曦萌由此发现了商机，立刻通过同学查到那个木材商的联络方式，主动向他表明自己的合作意愿，对方也很快作出回应。接着，他打电话给上海所有的木材厂，终于争取到一笔数百万美元的合约。两个星期后，这笔买卖成功交易，他也赚到数万美元。

后来，李曦萌又将目标放在家乡丹麦的商品上。他做过一次调查，伴随着上海经济的急速发展，外来人口愈来愈多，如果将丹麦的优质家具运到上海，一定会有市场。

很快，他就请人从丹麦寄一批精美的家具样品到上海试销，果然在短时间内销售一空。看到市场潜力如此大，李曦萌立刻从丹麦批了几千套家具来卖，在上海、深圳、北京等地都掀起抢购热潮。

理财专家的理财秘笈

在熟悉的行业经营，能够了解行情和相关信息，较能避开风险。

Lesson 15 切忌盲目

Financial Experts

乔伊是一家杂志社的专栏作家，他的收入虽然稳定，却并不高，他很想做点投资，赚一些外快。

乔伊的一位朋友炒权证赚了不少钱，就鼓励乔伊也投资炒权证。这位朋友说了炒权证的好处，如交易规则简单、利润空间大等。乔伊听了，也有些心动，就立刻取出自己四十万的积蓄，准备在权证市场施展拳脚。

他用电脑工作，因此常利用工作时间来操作权证的投资，很快，他发现炒权证相当费脑筋。权证指数每天起伏很大，一次涨落就是好几点的收益，伴着涨落，乔伊的心情也是忽上忽下，无法平静。

自从开始炒权证，他几乎整天盯着电脑荧幕上的权证指数，等晚上休息时，早已精疲力竭。

过了几天，乔伊买进的一支权证大幅上涨，两天内他赚了将近二十万元。看着账户上高达六十万的本金，乔伊开心不已。第三天开盘后，他按计划半仓进入，盯着盘口，准备随时卖出。然而该权证却依然强劲拉升，看着飙升的指数，乔伊内心狂喜，暴利的诱惑让他取消卖出的打算。

然而风云难测，到了下午，这支权证突然开始暴跌，五分钟内跌落一百多点。乔伊很惶恐，立刻就想出仓，几次挂单都由于跌势太快，未能卖出。后来见到盘中稍有反弹，惊魂未定的他赶紧咬牙卖出。

这次交易不仅让他前两天的盈利化为乌有，他的四十万存款也损失了十几万，实在心痛万分，欲哭无泪。

理财专家的理财秘笈

投资切忌盲目。乔伊以赌徒心态盲目从众，对市场风险没有足够的认识，也缺乏合理的理财规划，最终导致投资失利。

Lesson 16　理性看待市场

Financial Experts

　　程华志经营了一家化肥厂。一九九四年，当时市场的化肥价格持续上涨。但程华志却在四月份庄稼施肥的季节，做出一项决定——将厂里生产的化肥全部降价百分之二十，向全国各地推销。

　　他的决定让工厂所有工人十分不解："在如今这个化肥行情疯涨的时期，不提价已经不合常理，再降价销售，不是等于赔本吗？"

　　但是程华志知道物极必反。现在化肥价格上涨，不久后一定会再跌落的。

　　因此，就在其他化肥厂加大生产量时，程华志的工厂却集中力量销售，花了仅仅两个月的时间，就降价促销，将库房积压的三千多吨化肥卖完。

　　到了七月份，不出程华志所料，化肥价格突然暴跌，销路打不开，全国有将近三分之二的化肥厂化肥滞销，不少厂家因此破产。

　　而程华志事先这招降价销售，不仅成功将工厂的化肥销售出去，也让他的工厂获得十三万的丰厚盈利。

　　当然，工厂工人在暗自庆幸之余，也担心在当前化肥市场不景气的情况下，他们的工厂是不是也要关门大吉。然而程华志却又发出新命令，让工厂的技术员对生产设备做一番彻底的检修，并对职工进行两轮的生产技能培训。

　　果然半年之后，化肥市场开始强势反弹，他们工厂因为生产设备的改良和工人生产技能的提高，再次冲到同行前面，产值提高了一倍。

理财专家的理财秘笈

当某个行业发展过热时，就会有很多人竞争。大部分人都因盲目投资而被淘汰，只有少数人能成功。这些成功者有一个共同点，就是——"理性看待市场"。

Lesson 17 权衡风险与利益

Financial Experts

　　有一年经济不景气，许多工厂都难以维持，纷纷降价出售仓库中堆积如山的货物，那时，商品的价格低得令人咋舌，一美元能买到一百双袜子，五美元能买到一辆脚踏车。

　　当时甘布士还是一家纺织厂的技术员，他从这股低价浪潮中发现机会，立刻从银行取出所有积蓄，大量购买低价货物。他的亲友都十分不解，骂他是个疯子。

　　但甘布士不理会别人的冷嘲热讽。几个月后，他用几千美元的积蓄收购了各大厂家减价甩卖的货物，并租用一个大仓库来存放。

　　他的妻子见此忧心忡忡，对他说不要买那些廉价出售的商品，因为现在根本没有销路，到头来所有的积蓄都要赔光。

　　甘布士却笑着安慰妻子说，不出三个月他们就会靠这些商品赚大钱。妻子将信将疑，只能无奈接受。

　　过了两周，所有商品的价格还在一路猛跌。那些商家将价格降得比成本还低也没人买，于是他们就将卖不出去的货物全部烧掉，以稳定市价。他的妻子看到别人在焚烧货物，更是着急，几乎每天都在抱怨甘布士，但甘布士始终不回应。

　　两个月后，政府开始介入市场，采取诸多紧急措施，以求稳定物价，并推出贷款优惠政策，支持厂家重新开工。这时候，由于厂家将大部分货物烧掉，能投入市场的存货不多，因此物价又大幅上涨。

　　趁此机会，甘布士将自己储存的货物大量抛售出去，大赚了一笔。

理财专家的理财秘笈

　　甘布士的事例证明，成功属于那些敢于冒险的人。任何投资都有风险，拥有冒险精神，才能放手一搏，掌握商机。

Lesson 18　投机不等于投资

Financial Experts

赵德发是一家公司的职员，有一次他听朋友说投资外汇市场能赚大钱，不免心痒难耐，就从银行里取出一万美元的存款，开了一个炒汇账户。

最初赵德发还没有太多的精力和兴趣进行研究，只在午休时间偶尔操作一次，因此很少赚钱，不过也不赔钱。

就在他准备打退堂鼓时，一则新闻吸引了他。当时新的汇率体制改革方案公布，央行准备让台币升值。这则新闻让赵德发意识到有利可图，他立刻将账户上的所有资金全仓买入日元。不出他所料，短短一上午，他就获利三百美元。

赵德发这才发现炒汇原来这么好赚，从此就将大部分的精力放在炒汇和研究外汇行情上。

后来，赵德发听说有种新的炒汇方式叫"保证金交易"，这种炒汇交易具有极大的收益空间，在当天开仓买入外汇，若是当天外汇行情上涨一个百分点，那么所投资的本金就会翻倍增长。另外，还能免手续费，可省下不少钱。

收益大的投资风险自然也大，这种"保证金交易"也不例外。一向谨慎的赵德发担心亏损，所以不敢大胆尝试，每次进行交易时都会设定停损点。经过几天短线操作，赵德发发现，他每次设定停损点后，外汇走势就会在触及停损点甚至没有到达停损点前就回弹。几番担惊受怕的操作，让赵德发感到懊恼，也毫无投资收益。

因此，赵德发决定赌一把，在进行"保证金交易"的一周后，他再次挂单开仓，购入大量外汇，却不设定停损点，没想到当天的走势短线上升后便一路狂跌，最后竟跌破一百多点。仅这一天，赵德发投入的大量本金就被无情的市场行情吞噬，化为乌有。

惨重的损失让赵德发惊醒。他终于明白，投资外汇市场必须格外谨慎，如果没有丰富的投资经验和良好的心态，一定会亏损的。

理财专家的理财秘笈

投资不是投机。显然赵德发在外汇市场成了机会主义者，以致盲目操作，损失惨重。投资市场鲜有一夜暴富者，想要在起伏动荡的行情中驾驭好自己的账户，需要具备良好的投资技术和投资心态。

Lesson 19 艺术品投资

王先生是一家公司的网站编辑。他喜欢炒股,每月薪水除了生活费,剩下的全部用来买股票。

二〇一〇年世界爆发金融危机,股市大跌,他买的两档股票跌幅更高达百分之八十,那段时间让王先生沮丧至极。后来,他在投资顾问那里得知,有几档股票已经跌至冰点,极有可能反弹。王先生心存侥幸,想再搏一次。但是他的钱已经全被套在另两档股票里,手头上已经没有现金。

他想到家中收藏着一位已故当代名家的画作,这幅画虽然不太出名,但画家却是享誉全国的。因此,王先生就想,画家已经去世多年,按常理推断,这幅画绝对能卖个高价。

然而王先生走访了当地的美术馆和画廊,都没有人愿意出高价来购买这幅画。王先生又是着急又是诧异,这幅画并非赝品,出自名家之手,为什么他们都不愿意买呢?

不甘心的王先生又到周边几个城市去转了转,依然没有哪家画廊和美术馆愿意高价买入;无奈之下,王先生就在网络上发布十几条出售广告,希望有哪位收藏家能慧眼识物和他联络。可是过了一周也没有任何回应。

这让王先生百思不得其解,很多人都说,艺术品是最保值的投资,每隔几年艺术品的价钱都会翻倍,难道他们说的都是假的吗?

其实王先生没有想通一件事,他当初收藏这幅画时的确有过将来升值后将画高价出售的想法。同样,大部分人都有这样的想法,他们买名画不只是为了收藏欣赏。但当下世界经济正萧条,很多人在投资理财时都持谨慎态度,他们相信艺术品投资是最能保值的一项投资,但出于经济形势的担忧,没人敢保证艺术品能有多大的升值空间,因此也不会出手投资。

理财专家的理财秘笈

艺术品投资不同于其他投资,艺术品的买家通常兼具收藏和投资两种目的。若买家的投资预期落空或者难以实现,他们对艺术品本身其实不感兴趣。

Lesson 20 客观看待借贷

Financial Experts

一九九〇年，张家玮辞职经商，也赚了点钱，于是便想自己开公司赚大钱。

他听一位朋友说，当地一家信托公司名下有一家娱乐场所，内有老虎机、碰碰车、酒吧等设备，价值四百多万元，现因经营不善面临亏损，准备转让。

张家玮认为这是个难得的机会，立刻去信托公司找总经理洽谈，最后以三百八十万元的价格成交，但签合约时他却止步了，虽然合约上说明可以在一年内分三次付款，但头款就需要两百万元。

张家玮的妻子得知合约的金额后非常生气，叫道："难道你不清楚我们的资产吗？我们所有积蓄，加上房子，最多也只有两百万，合约上要求的三百八十万元对我们来说简直是天文数字！"

张家玮耐心地安慰妻子，他说："你不要担心，我心里有数，一定有办法解决的。"

张家玮找到朋友工作的一家银行，提出贷款，并用买来的娱乐场所当作抵押。银行请专家做了评估，他的娱乐场所价值超过四百万，有此抵押，不愁他还不完贷款，因此就批准了他的一百八十万元贷款。

事情进展得很顺利。张家玮用贷款买下娱乐场所后，和妻子精打细算地经营。由于他们的勤奋和经营得当，很快转亏为盈，生意兴隆。

两年后，张家玮夫妇还完所有贷款；又过两年，他们夫妇成为当地有名的百万富翁。

理财专家的理财秘笈

借贷没有那么可怕。也许贷款金额是你想都不敢想的天文数字，但只要你肯努力、善经营，就会获得翻倍的收益。

Lesson 21　过度关注，适得其反

Financial Experts

一个守财奴意外得到了一个名贵的古董花瓶，他欣喜若狂，立刻把它当做宝贝，藏了起来。

为了妥善保管这个名贵的花瓶，守财奴在家中修建了一间非常豪华且隐蔽的密室，这个密室只有他自己知道，任何人都不得靠近，就连他妻子和儿子也不知道。他每天都在密室里守护他的花瓶，唯恐有人偷走他的心爱之物。

有一天，守财奴家的厨房突然失火了。邻居都劝他赶紧救火，他却充耳不闻，立刻跑到密室里去守着花瓶。天气干燥，火势愈来愈大，大家都劝他赶紧逃命，但守财奴却认为有人要抢自己的宝贝，一直不肯离开。结果大火烧光了他的房子，他也被活活烧死了。

理财专家的理财秘笈

这是个血淋淋的教训。其实投资也是如此，如果过度看重某一项投资，反而有可能得不偿失。任何的投资都有风险，不妨偶尔转移注意力，去创造更多增加财富的机会。

Financial Experts

一天一堂课，受用一辈子！
· MEMO 理财专家随身笔记 ·

Yes! You are the ONE!
你就是自己的理财专家

十月 October
理财专家的理财习惯

习惯是一个人最基本的生活方式。拥有什么样的习惯,就会拥有什么样的生活品质。培养良好的理财习惯,对理财来说非常重要。习惯能决定你的财富,也能决定你的命运。

Financial Experts

Lesson 1 家庭理财方案

Financial Experts

有一对刚结婚不久的夫妻，李俊男和王美女，两人都有十分稳定的工作，收入也颇高，生活幸福美满。不过，最近在家庭财务问题上，两人却产生了极大的分歧。

结婚前，王美女自己买了一间一房一厅的房子，每月要付贷款八千元，李俊男也买了一间两室一厅的房子当做新房，每月还款一万元。

结婚后，两人住在李俊男购买的大房子中，王美女的房子则是布置。李俊男多次劝妻子把那间房子出租或卖掉，以减轻家庭负担。但是，王美女坚决不同意，她认为自己有权拥有属于自己的财产。

为了这件事，小俩口争执起来。最后，经过双方父母出面协调，夫妻俩达成共识，保留婚前财产，各自负责自己的房子贷款。另外，两人也决定，家中其他各项开支将由夫妻俩共同承担。王美女负责缴交水电费、管理费，李俊男则负责家中的饮食开销。

不过，如果一方遇到了意外，或财务出现状况时，另一方会马上伸出援手。这样的理财方式不但没有影响夫妻感情，反而让他们觉得非常方便，因为拥有各自的私人空间。

后来，夫妻俩开了一个共同账户，每人每月固定存八千元。王美女负责规划这个共同账户的用途，曾用来购买十万元的基金，并获得不错的收益。

理财专家的理财秘笈

家庭理财方案应由夫妻双方协调制定。夫妻双方在理财权力上没有高低主次之分，可依双方的专长和喜好来分配理财任务。

Lesson 2 开创投资管道

Financial Experts

有一对兄弟住在一个干旱的小镇上，平常以送水为生。两人天还没亮就开始工作，每天早上都跑到一里外的湖泊打水，然后送往镇上的住户家。为了能够提供足够的用水，赚取更多钱财，两人每天都要来回运送好几趟。

有一天，弟弟说："哥哥，我们这样没日没夜地工作，收益却不多，不如换其他工作吧？"

哥哥思考了一会儿便说："不能换，除了这份工作一定无法赚钱，不能赚钱要拿什么维持生计？"

弟弟争辩着说："我们可以进行投资。那些大富商不是都自己建立投资管道吗？"

两兄弟因意见不合分了家，哥哥依旧夜以继日的挑水、送水，以此谋生。弟弟却离开了小镇。

一年后，弟弟带着一群工人来到小镇，说要投资修建一条饮水管道。他花了一年的时间，建成一条连接小镇和湖泊的管道，并在竣工典礼上宣布，这条管道将持续二十四小时不间断地供水。小镇上的居民纷纷选择在饮水管道上安装水龙头，之后，他们发现这样不但用水方便，而且水质更佳。

于是，哥哥仍旧每天辛苦地运水、送水，弟弟则坐在办公室里，悠闲地数着钞票。

后来，哥哥的生意愈来愈差，最终失业。

理财专家的理财秘笈

文中的哥哥坚持通过送水来赚钱，却不愿意另辟投资渠道，最后面临失业危机。有创业头脑的弟弟，找到了更聪明的投资渠道，不但成功摆脱辛苦工作的命运，更为自己赚得大量财富。

Lesson 3　培养理财好习惯

Financial Experts

　　徐慧茹大学毕业后进入一家外商公司，月薪超过五万元。

　　她从小就懂得节俭，看到许多同事一领薪水就大手笔消费，她觉得很不可取。为了不让自己受到影响，她决定培养良好的理财习惯。

　　每月领薪水后，她立刻将百分之五十存入储蓄账户，再将百分之二十用于基金投资。她将这百分之七十列入每月固定支出项目。剩余的百分之三十，就用来购买一些生活必需品和支付房租。

　　徐慧茹虽然是女生，但并不喜欢逛街，只在需要的时候才会去百货公司，而且通常都是独自前往，以免受朋友的消费习惯影响。她随身只带少量现金，从不带信用卡出门；她一个人住，所以选择坪数较小的雅房，房租相当便宜。其实以她的经济条件，可以负担更舒适的大套房，但她觉得只要够住，简单就好。

　　徐慧茹对自己的消费很严苛，当她出现想购物的念头时，会先列出购物清单，然后仔细思考，自己是不是真的需要这些东西。她也十分珍惜自己的物品，对任何东西都小心使用，避免损坏，这样可以延长物品的使用寿命。

　　徐慧茹凭着不懈的坚持，终于养成良好的理财习惯。到了年底，她听到许多同事在抱怨钱不够用，而她早已不知不觉积累了八十万的存款。

理财专家的理财秘笈

想要妥善理财，就从"养成良好理财习惯"开始。建立新习惯需要慢慢培养，并且坚持不懈。

Lesson 4 理财是一种生活方式

Financial Experts

在美国，洛克菲勒家族是第一个拥有十亿美元财产的富豪。洛克菲勒家族的财力尽管在全国首屈一指，却从来都不会纵容家族中任何一个子女挥霍钱财。

很多人都觉得，穷人家的孩子容易禁不住物质诱惑。但在洛克菲勒看来，与贫穷孩子相比，富裕的孩子更容易面临各式各样的诱惑。因此，洛克菲勒决定，家族中对孩子的要求要比贫穷人家的孩子更为严厉，从生活中的一点一滴教育子女。

约翰·洛克菲勒三世曾和父亲达成口头协定——每个星期的零用钱为两美元五十美分，最高不能超过三美元。而且每个星期都要认真查对账目，记录每一笔费用的支出。下次领零用钱的时候，要将这份记录交给父母查看。如果支出得当、记录明确，每星期的零用钱可以增加十五美分；否则，就要被扣除十五美分。

靠着这种方式，洛克菲勒家族的每个孩子从小就养成习惯，要爱惜每一笔钱。他们明白理财的重要性，也能渐渐掌握理财的诀窍。

洛克菲勒的子孙们都深谙理财之道，这也正是洛克菲勒家族长期兴盛的秘诀。

理财专家的理财秘笈

理财与生活密不可分，包含日常生活的点滴小事。其实，我们可以从自己的一举一动开始，养成自律、节俭、知足的好习惯，让理财成为一种生活态度。

Lesson 5 坚持记账

Financial Experts

艾伦夫妇结婚已六年，每月家庭收入都有五千美元，生活很幸福。虽然家里没有什么大开销，但两人一直崇尚"小资情调"，经常花钱享乐，存款也在不知不觉中流失。

最近，艾伦夫妇想要一个孩子，不过夫妇俩每月几乎都是"月光"，根本没有足够的钱养育孩子。于是，艾伦夫妇决定明确记录每天的支出，一定要存够孩子的教育基金。

记账两个多月后，艾伦夫妇就发现了开支漏洞。原来，两人在月初的消费十分频繁，而且大多是漫无目的的消费（如盲目请客、购物等），没有任何实际意义。

找出这项漏洞后，他们决定从下个月开始，省下所有不必要的支出，减少因冲动而造成的消费。艾伦夫妇用列清单的方式将每月支出明细一一列出，以便找出当月的消费漏洞，减少无意义的消费行为。

坚持了一个月，艾伦夫妇发现，竟然能省下一千五百多元！惊喜之余，他们决定继续保持，终于拥有一笔可观的储蓄金。

其实，不只这对夫妇，很多名人也有坚持记账的习惯，比如亚诺·班尼特、约翰·洛克菲勒。约翰·洛克菲勒每晚祷告之后，都会认真地查看每一笔开支，哪怕是一便士，也要弄得清清楚楚。

理财专家的理财秘笈

记账是理财的基础工作。坚持记账，就能清楚衡量自己的经济状况，明白哪些钱该花、哪些钱不该花，并调整出最适合自己的理财计划。

Lesson 6 强迫自己存钱

Financial Experts

阿伦是一家公司的职员。结婚之前,他一直以"洒脱单身汉"自居,没有任何积蓄,只有很难收回的十万元外债。如今三十五岁的阿伦,结婚七年,却一直没有孩子。

其实,阿伦夫妻俩每月共有六万的固定收入,还拥有一套小房子。阿伦每个月的薪资和奖金加起来共有四万元;他的妻子也是上班族,每月收入两万元。

照理来说,阿伦家的经济压力不算大,但他却自认经济状况不好。他们家每月需要大约两万元固定支出、孝敬父母两万元、弹性支出一万元。这样下来,每个月仅剩一万元。不过,因为两人都是享乐主义者,这一万元通常都会花掉。

阿伦已经三十五岁,家人早就催他生孩子。不过他们夫妻都知道现在生孩子非常花钱,以目前的状况,养育孩子实在负担沉重。

阿伦也考虑到家里的房子问题。现在这栋房子只适合两个人住,如果添了孩子,再请个保姆,房子明显不够大。而且,阿伦的目标是,在生孩子之前买间四十坪的房子,把现在的房子出租给别人,用租金收入来负担新房。但是,夫妇俩现在的积蓄连头期款都不够付。以现在的状况,要如何兼顾孩子和房子呢?一想到这些,阿伦与妻子就非常着急。

讨论过后,他们明白,只能从"开源节流"做起。对于开源,两人每天上班已非常忙碌,如果要找其他兼职的工作,根本无法应付。至于节流,他们也不愿意降低生活水准。无奈之下,两人只好强迫自己,无论如何,每个月一定要存下一万元。

理财专家的理财秘笈

很多人过着看似光鲜的生活,私底下却常常喊穷。他们抱怨钱不够用,其实并非真的不够。如果每月都逼自己存下固定金额,养成习惯后,相信你将不再抱怨。

Lesson 7　摆脱穷忙生活

Financial Experts

　　社会上出现了这样一种人，他们自称"穷忙族"。在他们看来，自己每天起得最早、睡得最晚，每天不分白天黑夜地拼命工作，薪水却相当低，每到月底手头就特别紧。他们大多认为，自己没有得到应得的回报；他们看不到前途，也找不到精神寄托；他们想要做大事，却连手边的工作也做不完。

　　吴大同就是典型的"穷忙族"，他十分不满意自己的现状。

　　连续六年来，吴大同每天都非常忙碌，但每月的薪水扣除家庭开销就所剩无几。吴大同认为妻子也是"穷忙族"。这几年来，他觉得自己和妻子都成了"工作机器人"，下了班就回家睡觉，并没有多余开销，但存款没有增加、生活品质也没有改善。最让吴大同担忧的是，两人可能会被强大的生活压力击垮。

　　或许，他们应该静下心来，看看生活到底出了什么问题，可以做哪些调整？

理财专家的理财秘笈

　　通常来说，"穷忙"的人都不善于理财。建议自认穷忙的上班族及时调整自己的消费观，找出最适合自己的理财方式和职涯规划，并设法提高工作效率。下班后，更要不断充实自己，提高竞争力。另外，也要花点心思寻找适当的投资项目，增加自己的资本，早日脱离"穷忙"。

Lesson 8　摆脱"月光"

Financial Experts

沉小芬在一家外商公司上班，薪水颇高。但工作了五年，她却仍然是个典型的"月光族"。高收入的她，为什么没有积蓄呢？

原来，沉小芬因为薪水高，也养成了高消费的习惯。她平常购买的衣服和化妆品全是高级货，她也没有消费计划，这个月的薪水还没领到，上个月的早就花光了。

对于这种情况，沉小芬也感到头痛。本来以为自己要买房子并非难事，现在却毫无积蓄，根本无力实现买房的梦想。

有一天，沉小芬的朋友建议她购买基金，并向她仔细解释用基金理财的种种好处。她听了十分心动，但没有盲目下手，而是先找专业人士询问相关知识，并花了一番工夫查阅基金方面的书籍，增强自己对基金的了解。终于，在有了充分的准备后，她选择定期定额投资基金。

选择基金定投，是沉小芬评估整体状况后下的决定，也是最适合她的。因为现在的她积蓄不足，缺乏单笔投资的资本。另外，定期定额的方式，也能强迫她储蓄，累积每月的投资本金。再者，与单笔基金申购相比，定期定额的投资门槛也比较低。

沉小芬每月的收入扣除房租、伙食等开销后，还有八千元的余额，于是她每月拿出五千元进行投资。几个月后，她已养成良好的投资习惯。

两年后，沉小芬的财务状况有了很大的改变。她终于彻底摆脱"月光族"的形象，成为一名小财神。

理财专家的理财秘笈

"月光族"并非没有能力赚钱。相反的，正因为拥有赚钱能力，他们才敢于消费。如果"月光族"能够克制消费欲望，养成理财习惯，进行适当的投资，必能摆脱"月光"，成为"财神"。

Lesson 9 合理评估，妥善规划

Financial Experts

露丝是一家大型企业的公关人员和市场助理，因表现突出，被提升为部门主管，并得到了十万美元的住房补助。

得到住房补助后，她从银行贷款购买了一间二十五坪的房子。与那些因住房问题而烦闷不已的同龄人相比，她有很大的成就感。

婚后，她和丈夫两人因薪资优渥，很快便有了一定的积蓄。此时，她觉得两人应该投资买房，因为买房无须承担贬值的风险，打理起来也不费力，是最佳理财方式。于是，她通过贷款，又在繁华地段高价购买了一间房子，并与银行签订十年还款，每月支付一万元的贷款。

几个月后，在两间房子的供应上，她开始感到吃力。因为夫妻两人没有对自己的实力进行合理评估，盲目投资，现在每个月多出五千元的贷款，再加上他们在日常开销上不懂得节制，夫妻俩的生活一下子变得紧张起来，两人甚至害怕每月还款日的到来。

屋漏偏逢连夜雨，此时的她升职空间有限，并且因房贷问题愈来愈不满意现在的薪水，便辞职跳槽到另外一家公司。但她当初在得到十万的住房补助时，曾和公司续约五年，如今提前离职，必须要偿还这十万元，他们家再次遭受打击。

夫妻俩的生活看似光鲜亮丽，也不用承担孩子的开销，但只有他们自己知道生活有多苦。

理财专家的理财秘笈

露丝最终落到这步田地，是因为她没有对自己的实力进行合理评估，对自己的财产也掌握得不够清楚，盲目投资理财，结果陷入财政赤字的困境。

Lesson 10　理财能力比赚钱能力更重要

Financial Experts

　　李明娟原本是一个不知理财为何物的女人，在创业、投资、赚钱、赔钱的几次人生起伏中，她最终有了正确的理财观念，并养成了理财的习惯。

　　一九八六至一九九〇年，李明娟在菜市场承包水产，每月有四万元左右的盈利。但此时的她毫无理财意识，总认为钱花完了还能再赚，所以在花钱上毫无节制。

　　一九九二年，李明娟看到股票盛行，也抱着试试看的心态购买股票，但她缺乏相应的股票知识，没把购买股票当成真正的投资，只是随着朋友的指点跟进跟出。一年后，她便将二十万的投资挥霍到只剩下一万元。

　　在一无所获后，李明娟体验到股票的大风险，认为实实在在的生意才是赚钱之道，便在卖场中租了一个柜台，做起皮鞋生意。她的皮鞋因款式新颖，品质良好，赢得众多消费者的喜爱，生意也相当好。一九九五年，她的生意愈做愈大，已经有了三家卖场柜台，八名营业员，每月光是薪资便有十万元开销。她一心为自己的赚钱能力自豪，没有注意到经营成本已超出负荷，最终在激烈的市场竞争中，白白失去两家店铺，不仅赔光了原来的利润，还被房东收回店面，几乎变得一无所有。

　　后来，李明娟在小吃摊卖炸鸡和珍珠奶茶，有了一点积蓄，又回到卖水产的老本行。在坚持不懈的努力下，她走出了人生的低谷。这段惨痛的经历让她开始审视自己在理财方面的缺陷，也让她意识到，理财比赚钱更重要。

　　一九九九年，李明娟开始从事肥皂销售工作，每月薪资三万元，但她凭着以往赚钱时所累积的经验和人脉，迅速开拓市场，将薪资提升到五万元。此时她不再奢侈浪费，而是学会了储蓄。此外，她还开始大量阅读理财方面的书籍，增强自己的理财知识。了解了投资理财的重要性后，她展开一系列的理财行为。比如，为自己和家人购买保险、努力投资创业等等，并做出退休金计划。

李明娟在养成理财的习惯后，还成立了一个"购物理财工作室"，结合客户的实际情况，为他们拟定消费计划。她也逐渐变成一位善于理财的富婆。

理财专家的理财秘笈

就算一个人有很强的赚钱能力，但若不懂得理财，那就不算真正的富裕。理财能力比赚钱能力更重要！

Lesson 11 培养孩子的金钱观

Financial Experts

小乐是家人眼中的宝,过年时总会得到很多压岁钱,但年仅两岁的他对金钱毫无概念。家人觉得这样不好,应该让他对金钱有所认识。于是,爷爷为他讲解钱的用处,讲了大半天他还是不明白。

小乐四岁那年,小表哥来他家过年。小表哥将所收的压岁钱全部用来购买玩具,很快便把钱花光了,接着便想花小乐的压岁钱。小乐听到小表哥的请求,随手把所有的压岁钱递给他,嘴里还说着:"都给你吧!我对钱没什么兴趣。"看到小乐依旧没有金钱意识,妈妈很担心。于是,妈妈经常带着他去卖场购物,教导他付钱、找钱的概念,让他明白钱的重要性。

五岁那年的春节,小乐提出了一个让家人深感意外的建议——去奶奶家过年。因为家人都知道他最不喜欢去奶奶家过年,便问他:"你为什么突然说要去奶奶家过年呢?"小乐仰着小脸说:"因为奶奶家有很多叔叔和姑姑,我去那里可以得到很多压岁钱。"到了奶奶家,他还学着小表哥的话对叔叔和姑姑要压岁钱。看着对钱没有任何兴趣的小乐突然变成了"小财迷",家人认为他终于长大了。

这年春节,小乐的压岁钱有整整两千元。当妈妈提出要帮他保管时,他却摇着头说:"这是我的钱,不能给你。"妈妈有些哭笑不得,只好问他:"你要怎么处理这笔钱呢?"他想了想说:"我要存在银行,妈妈不是说要从小了解金钱的作用吗?"

于是,妈妈为他开了一个银行账户。

理财专家的理财秘笈

习惯都是从小培养的。可以从"压岁钱"的使用方式开始,教导孩子该如何理财。

Lesson 12　从学生时代开始理财

Financial Experts

　　林永亮是一个大学生，因花钱无节制，又没有计划，常和同学一起聚餐、玩乐，很快便将父母所给的生活费花光殆尽，然后再一次次地向家中要钱。这样的日子持续了一年，后来，他的父母将每月生活费定为八千元，每月只寄一次，绝不多给。一开始，林永亮觉得父母是在吓自己，仍旧过着和之前一样的生活，但后来他发现父母说到做到，而自己早在月中就将八千元生活费花光了。

　　眼看着下半个月的伙食没了着落，林永亮十分苦恼，又不好意思开口向朋友借钱。此时，有个同学想请他帮忙修理电脑，林永亮心想这是一个赚钱的好机会，便和对方收取五百元修理费。这件事让他想到，可以利用自己的专长来做生意。于是，他开始运用自己高超的技术，帮同学组装、维修电脑，并收取合理的费用。

　　渐渐地，林永亮发现仅凭修电脑这一项，能赚取的钱不多，而且赚钱的机会也不多，他又开始搜索新的生财之道，最终选定了校园的BBS。他找出一套不用的英语教材和光碟，在BBS上发了这样一个帖子："本人要出售英语全套教材和光碟，价格合理，有意者请与我联络。"帖子发出后，他的电话便响个不停。一番计算后，林永亮把当初用两千元购买的教材和光碟卖到一千五百元。

　　在赚钱过程中，林永亮的理财意识愈来愈强烈。在合理规划开销的同时，也不断寻找新的赚钱机会。

理财专家的理财秘笈

学生也要培养自己的理财能力。其实，生活中商机无限，就看你是否能留心，观察到这些机会。

Lesson 13 追求财富的动力

Financial Experts

苏茜·欧曼是一名普通人家的女儿，开销并不大，因此对财富也没什么欲望。但是后来家中发生的一场火灾，却激起了她对财富的欲望。

当时，苏茜·欧曼一家全靠着父亲经营的饭店为生，但因饭店经营状况不好，他们的生活也很艰辛。有一天，饭店突然发生火灾，一瞬间，整个饭店变成火海。苏茜·欧曼的父亲在火势蔓延之前逃离出来，刚脱离火海，便想起钱箱还在饭店里，而钱箱里面装的是他们一家人的财产。于是，他冒着生命危险，再次冲入火海，将钱箱"救"出来。

看着浑身已经被烧伤的父亲抱着钱箱躺在地上，苏茜·欧曼心疼不已。而父亲好像不知道疼痛一般，只是庆幸自己保住了财产，保住了一家人的希望。父亲为了捍卫一家人的财产，甚至不惜牺牲自己的生命。这让年仅十三岁的苏茜·欧曼意识到金钱的重要，对金钱产生了欲望。

自此，苏茜·欧曼便将赚钱当作生活的动力，勇敢面对人生中的各种挑战，最终成为一名富婆。

理财专家的理财秘笈

每个人都有追求财富的动力。在追求财富的过程中，我们要做到合理理财，驾驭财富，而不是成为财富的奴隶。

Lesson 14 债务漩涡

Financial Experts

凯特经营了一家服装店。有一次，她在布料商赖斯手中进了一批一万美元的货，约定月底还款。但因服装市场不稳定，凯特的服装一直销不出去。到了月底，凯特没有足够的资金来偿还债务，便选择拖欠。

每一次赖斯来催款，凯特都是悄悄地从店铺后门溜走。后来，赖斯一连写了好几封催款信，催促凯特还款，凯特拆开信后不知道该怎么办，便将信丢在一边，还不断安慰自己，说："赖斯不会愚蠢到选择打官司，因为当初借款时没有签约，也没有立下任何措据。"

就这样，凯特不停地躲避催款人，不回覆催款信。有一天，凯特又收到了赖斯寄来的催款信，便拆开来看，却发现这次的催款信与以往不同，信上写了这样一句话："凯特，你如果再不归还那两万美元的欠债，我会到法庭控告你。"

凯特读完信，顿时气得七窍生烟："赖斯这个老糊涂，太气人了，竟然将一万美元的债务翻倍，真是睁眼说瞎话。"凯特愈想愈气，便回了一封信，说道："赖斯，你这个大混蛋，竟然说债务是两万美元，我明明只欠你一万美元。"

这只是一个笑话，但也反映出人们欠债之后的窘态。

理财专家的理财秘笈

借钱生钱本是理财的最高境界，但如果在不明朗的情况下借贷，导致债务累积而深陷债务漩涡，是十分不明智的。

Lesson 15　理性安排资金

Financial Experts

简·奥维·华德纳不仅是著名的乒乓球选手，素有"乒坛常青树"之称，更因理财有方被冠以"理财高手"的称号。

华德纳在回顾自己的理财经验时，说了这样一句话："理性安排资金，用平常心进行长期投资。"

因职业需要，华德纳经常到国外参加比赛，根本没有充足的时间理财。于是，他将自己的财产交给瑞典斯堪的亚公共保险有限公司，请专业理财人士帮忙理财，自己则将大部分的时间用在训练上。

在保险公司专业人士的代理下，他不用每天关注股市和投资市场的变化，也不用为投资理财做任何的预算规划，便能实现财产增值。理性的资金安排，让身为运动员的他拥有了健康和财产两项保障。

现在，他已经与该公司打了三十年的交道。即使已成为"有钱人"，他在资金安排上依旧坚持"长期储蓄、投资保险"的稳健理财方针。他曾经做过短期投资，但因风险太大而很快放弃，继而坚持长期投资。就算理财专家建议他购买 A 股，他依旧把一半的收入用在保险投资上，他认为保险投资能提供保障，是为退休生活所做的最佳准备。

理财专家的理财秘笈

理财的最终目的是充分利用资金。想要合理的理财和投资，就需要理性安排资金，采取最稳健的投资方针。

Lesson 16 持续投资

艾伦·格林斯潘是美国联邦储备委员会会的主席,被称为世界知名财神爷。在很多人眼中,掌管过美国经济决策权的他,处事异常谨慎,非常有眼光。

近十四万美元的年薪是格林斯潘最主要的收入,这显然低于他之前为他人做经济顾问的报酬。他购买了大量的政府短期国库券,这也成为他的主要资产来源。不过,格林斯潘并不炒股。并不是因为他不擅长,而是他自己就是利率政策的制定者,因而不得不避开嫌疑。

不仅如此,格林斯潘还注重家庭开支。他从来不会购买奢侈品,也不会乱花钱。他的穿着朴素,一副旧式眼镜、一件白衬衫、一身普通的黑色西装,就是他平日的打扮。但他却愿意将钱财用于交友和爱好上面,兴趣广泛,也结识了很多人。

在家庭理财方面,格林斯潘并不会独揽大权,而是与妻子共同打理。他的第一任妻子琼·蜜雪儿曾花费十多万美元购买了一栋住宅。

一九五四年,格林斯潘与朋友合作开办了"汤森——格林斯潘公司"。由于经营得当,公司利润丰厚。不过,格林斯潘却发现每年开支都高达七万美元,信用卡经常透支,照这样下去,自己很难为孩子存够充足的资金。他决心改变这一情况,便调整自己的消费观念,尽量减少外出游玩的次数,尽量在家中做饭等等,大幅降低了每日开支。

一九七四年,格林斯潘被任命为白宫首席经济学家,收入大大提升,投资也渐渐多了,并拥有一套属于自己的理财观。比如,如果三年之内要使用一笔钱,他就不会用这笔钱投资证券;每个月用来支付分期付款的钱,绝对不能超过月收入的二分之一;要寻找一个精于理财的伴侣。

在一九九七年，七十一岁的格林斯潘与五十岁的美国国家广播公司记者安德内尔·米切尔步入了婚姻殿堂。同年，米切尔用了约一百万美元的资金投资股票，第二年就增值到二百万美元。

此外，格林斯潘还决定要让理财变得更有规律性和系统性。

这些决定非常切实，但是格林斯潘的工作实在太繁忙了，他的理财行动总是断断续续，无法持续进行。

因此，他最终也没能荣登超级大富豪的宝座。

理财专家的理财秘笈

坚持是一种习惯。任何事，只有坚持到底，才有可能成功。理财是一项"任重而道远"的生活方式，不把它时时融合在生活中，就很难拥有大笔财富。

Lesson 17 有效理财

Financial Experts

二十六岁的王有芳虽然只是个初入社会的"七年级学生",却是个厉害的理财高手。

刚进入大学,王有芳便拟定了财务计划,将家里每月寄来的八千元生活费进行了合理分配:每月的伙食、购物、买书的费用控制在五千元,利用手中剩余的资金报名参加各种培训班。王有芳因为消费有计划,不仅在经济上没有遇过任何困难,在课业上也提升了自己的实力。

毕业后,王有芳在外地找到一份工作,在仔细计算了房租后,她决定买房子住。和父母沟通后,她买了一间十八坪的小套房,三十万的头期款由父母支付,剩下二十万贷款由自己支付,分三年还清。此时,她每月的薪水是两万三千元,除去六千元房贷,她努力将生活费控制在八千元。在剩下的开销上,她也进行了妥善的分配,除了购物、娱乐之外,其他全部用于基金投资。这样一来,她每月还能有一定的收获。对那些"月光"的同事来说,王有芳这种有效理财的方式俨然成了他们努力的方向。

二〇〇八年,王有芳与相恋多年的男友步入结婚礼堂。婚后,他们又对家庭收入做了详细的安排:每月房贷是一万两千元,生活费是一万元,娱乐、购物消费是五千元,其余全部存入银行。

在未来的理财规划上,王有芳也早有了清晰的计划:提前还清房贷,然后再购买一间较大的房子。王有芳坚信凭着自己的有效理财,未来生活一定会愈过愈好。

理财专家的理财秘笈

所谓理财高手,是指那些懂得培养正确理财观念,学会用各种理财手段打理财富的人。这些人不仅能在短时间完成发财的梦想,也能通过有效理财来提高生活品质。

十一月 November
理财专家的致富秘诀

理财是一种生活方式,而不是即兴投机;理财的目的是让自己拥有"财务自由",而不是为了"发大财"。至于该如何"发财""致富",重点还是在于正确的投资心态和眼光,以及面对财富的态度。

Financial Experts

Lesson 1　心态决定财富

Financial Experts

　　日本 KDDI 公司的创始人稻盛和夫在回忆自己的奋斗历程时曾说，儿时的一件事，改变了他的人生观——

　　七岁那年，叔父患了肺结核。稻盛和夫知道这种病会传染，由于害怕，每次经过叔父的房门时，都会捏着鼻子快步跑开，但他的父亲和堂哥却一点也不紧张，每日都陪在叔父床前照顾他。

　　结果出人意料，父亲和堂哥都没有被传染，他却被传染了。

　　后来，他终于明白——每个人内心都有一块吸引灾难的磁石，当你的心变得软弱时，就无法克制这块磁石的强大磁场。

　　明白这个道理后，他便调整自己的心态，之后病也痊愈了。长大后，他又陆续遇到诸多挫折，例如考不上理想大学，只能就读较普通的学校；大学毕业后进不了大公司，只能在一家小公司担任基层员工；小公司人心不一，时常拖欠薪水，又逢经济不景气而被裁员……

　　他没有为这些挫折感到气馁，而是把它们变成自己独特的人生经验。正因为拥有这些经验，造就了他之后令人瞩目的成就。

▎理财专家的理财秘笈

心态决定一切，对于财富也是如此。相信自己能赚到钱，财富才有可能增加；如果对投资缺乏信心，不敢果断决策，在执行的过程中就不会投入全力，财富自然与你背道而驰。

Lesson 2　投资的胆识

Financial Experts

日本三洋公司的董事长井植岁男是一名成功的企业家。

有一次，家里的园丁对他说："总裁先生，您把公司发展得那么大，真是了不起。而我真是没出息，我的工作就像树上的喜鹊，只能唱唱歌。您能告诉我一些致富的秘诀吗？"

"当然可以。"井植岁男说，"你很适合园艺工作，也用不着改行。我有一个办法，在我工厂附近有两万坪的空地，我们一起合作种树苗吧！"

园丁听说不用改行，连忙点头说好。

"你知道现在一棵树苗多少钱吗？"井植问。

"四十元。"

"如果一坪地种两棵树苗，除去走道护栏的占地，两万坪地至少能种两万五千棵树苗，这样树苗的成本是一百万元。树苗三年后长成树，一棵树能卖多少钱？"

"三千元左右吧！"

"好的。我支付这一百万元的树苗成本和肥料费。之后三年，你来负责为树除草和施肥。三年后，我们把树卖了，会有六百多万的利润，到时候我们平分。"

那位园丁却拒绝了，他说："我可没做过那么大的生意，一定会搞砸的！"

他还是继续待在井植家担任园丁，拿着微薄的薪水。

理财专家的理财秘笈

园丁缺乏胆识，因而错失致富良机。想要赚大钱就必须有胆识，只要敢于挑战，就能发挥无限潜能，抓住财富的翅膀。

Lesson 3 意外之财

Financial Experts

　　有一个国家每年都会发行彩票，是个全民参与的活动。

　　连续三年，彩票都没有人中，这三年的奖金就被累积到第四年的奖金中，于是大家争相购买，谁都想成为那个幸运儿。

　　一位在城市广场工作的擦鞋匠也买了一张。他想："要是我中了奖，就再也不用做擦鞋这么辛苦的工作了。"没想到，他竟然真的中奖了，成为全国有史以来中奖金额最高的人。

　　擦鞋匠得到的奖金实在是一笔巨款，从此他的生活有了翻天覆地的改变。他不用在烈日暴晒下等客人，也不必再忍受客人的脚臭。为了躲避旁人的嫉妒和纠缠，他跑到国外去了。在国外，他过着奢华的生活，整日穿西服、开名车、出入高级餐厅，尽情享受着他梦寐以求的幸福生活。

　　一年后，有人在城市广场又看到这位擦鞋匠的身影。难道，从前的擦鞋匠又回来了吗？

　　到底是怎么回事呢？

　　原来，在国外的他以为奖金永远花不完，便挥霍无度、毫无节制。一个月前，他突然惊觉自己的奖金已所剩不多了。

　　他用仅剩的钱买了一张机票回国，回到自己最熟悉的本行。

理财专家的理财秘笈

　　一夜暴富者不在少数，但能维持这笔财富的人却不多。我们在投资理财时，有时会获得意外的财富，请以平常心对待，以免财富再度从指尖溜走。

Lesson 4 不要满足于眼前小成就

Financial Experts

吉列是拥有亿元身家的富豪，但小时的他却是个穷孩子。当时吉列家境不好，父母收入微薄，无力供他读书。因此，吉列十岁就开始做生意，长大后他做了旅行推销商，一年到头在外奔波。

虽然他的推销业绩出色，也赚了很多钱，不过他不甘于当个成功的推销员，他的梦想是成为一名大富豪。

有一次，他和同事在午餐时间闲聊，谈到个人理想时，他的同事说："我认为做一个成功的推销员是世上最值得自豪的一件事。"

吉列却说："我的看法相反，我不觉得当推销员是一生的事业。"

同事好奇地问："你怎么会这样想？"

吉列回答说："原因很简单，不管你的推销口才再好、业绩再优秀，你也是替别人打工。就算你赚再多钱，也是有极限的。若想赚得千万美元，还是为自己打工更好。"

吉列有一个独特的习惯，每到晚上，他总会在就寝前煮上一壶咖啡，然后坐在沙发上，一边喝咖啡，一边思考致富的办法。

这个习惯为吉列带来了好运。有一次，他在刮脸时被刮胡刀刮伤，这是很常见的事，但是当吉列照例坐在沙发上思考时，却出现灵感："我为什么不发明一种既不会刮伤脸也不用磨的刮胡刀呢？"

当他在市场上推出自己研发的新型便利刮胡刀后，他的财富迅速累积，终于成为真正的富豪。

如果吉列只满足于推销员的丰厚收入，而无追求财富的野心，他可能不会发明安全刮胡刀，也不会成为富豪。

理财专家的理财秘笈

"不甘于现状"的心态，有时能成为致富的动力。如果你渴望过得更好，就要相信自己，并思考各种突破现状的方法，拓展自己的致富之路。

Lesson 5 赌博不能致富

从前有个农夫,家里养了十头牛。春天到来,他的十头牛都长得肥壮健美,他便和老婆商量,将十头牛拉到集市上,卖个好价钱。

这天农夫很早起床,赶着十头牛到集市上卖,然而一整天都无人问津,让农夫沮丧不已。

当他深更半夜回家时,老婆问他卖了几头牛,他说连一头也没卖出去。但他老婆却发现十头牛只剩下九头,问他怎么少了一头牛。农夫说回来的路上看到有人掷股子,忍不住过去玩了两把,结果输了一头牛。

他老婆心疼牛,生气的大骂农夫没出息,农夫也不敢吭声。

晚上躺在床上,农夫想起今天掷股子一直输,实在不服气。他暗自发誓一定要把牛赢回来。第二天,他又赶着九头牛去集市。老婆不断提醒他,要他跟人谈好价钱,卖完赶紧回来,不许再赌博。

这一天的集市很热闹,农夫也以不错的价钱卖了两头牛。在回家的路上,他又看到路边掷股子的,翻本心切的他立刻上前去玩,结果将两头牛的钱都赔了进去。回到家后,农夫被老婆狠狠地臭骂一顿。

但农夫没有吸取教训,还是想把以前输的都赢回来,常常趁老婆不注意时,把卖牛的钱拿去赌博,结果到最后,竟然把十头牛都赔上了。

理财专家的理财秘笈

在投资理财时,我们经常会遇到各种诱惑,这种种诱惑看似能带来高收益,实则存在极大风险。想挑战诱惑就等于赌博,千万别想借此致富。

Lesson 6　毅力决定财富

Financial Experts

当华特·迪士尼提出要建设"迪士尼乐园"时，所有人都认为他疯了，银行觉得贷款给他有风险，董事会的股东也没有批准他的投资提案。

孤立无援的华特·迪士尼没有放弃，他想尽一切办法来实践这个梦想。他将所有财产都换成现金，但也只有三十万美元，远远不够。

他经过慎密考察和分析，初步估算建设资金需要两百万美元，于是他花了两个星期撰写了《迪士尼乐园集资》的宣传册，在大街上发放，希望能有人愿意出资。经过他不懈的努力，在第七年，美国广播公司总裁戈尔表示愿和他合作，双方签署了一份三百万美元的贷款合约。

半年后，第一家"迪士尼乐园"建造完工，一年后，华特·迪士尼还清了贷款，并且告诉董事会的股东："你们赚到钱了。"

第一家迪士尼乐园的成功，不容置疑，是华特·迪士尼凭着惊人毅力完成的。

理财专家的理财秘笈

毅力是获取财富的必备因素。许多腰缠万贯的富人，都有着我们无法想象的奋斗历程。对于拥有发财梦的人，毅力或许比聪明才智更重要。

Lesson 7 谨慎理财

Financial Experts

谢小元是一家贸易公司的员工。这天下班后，他把刚领到的薪水放在大衣口袋里，走在回家的路上。突然，他看到前面围着一群人。他很好奇，又因领了薪水心情好，就走过去看个究竟。

从人群中挤进去后，他发现有个人坐在一张方桌前，手里拿着两个杯子扣在桌上来回移动。原来此人在玩一种"考眼力"的赌博游戏——他在桌上放了一个玻璃球，拿出两个不透明的瓷杯扣在桌上，其中一个杯子将玻璃球盖住。然后他双手推着两个瓷杯，在桌面上来回移动，十秒钟后停下来，要观众猜猜玻璃球在哪一个瓷杯内。猜之前要下注两百元，猜中的话不仅能拿回自己的钱，还有两百元奖金；没猜中的话，两百元就归庄家所有。

这人推动的速度虽快，但还不至于让人眼花缭乱，要盯住一个瓷杯很容易。游戏开始后，有不少人下注，这些人有输有赢。谢小元对赌博不感兴趣，但也在心中默猜，没想到每次结果都和他猜得一样。这时，他有些动心："既然自己每次都能猜对，为什么不试一试呢？"

想了半天，谢小元决定赌一把。他拿出两百元交给庄家，然后集中精神看着他的表演动作。庄家停手后，谢小元信心十足地指着其中一个瓷杯，但是打开一看，里面什么也没有。

谢小元认为自己是一时疏忽，就连试了好几把，但每次都猜错。最后，他竟然输了上千元。

谢小元回到家后，气愤不已。后来他打开电视收看新闻，发现那位庄家是个骗子，周围下注的人都是"暗桩"，这才知道自己上当了。

理财专家的理财秘笈

小心驶得万年船，把辛苦赚来的钱用于投资，务必谨慎抉择。如果明知投资背后存在风险，就算有再大的利益诱惑也不能轻易投入，否则钱财极可能白白流失。

Lesson 8 不可轻视小钱

Financial Experts

一个英国人和一个犹太人一起找工作。

有一天,两人在大街上同时发现一枚硬币。英国人对硬币视若无睹,继续走自己的路,而犹太人很激动,蹲下来小心翼翼地捡起。

英国人对犹太人的行为感到不屑,认为他连一枚硬币也要捡,实在太没出息,于是扬长而去,不再和犹太人同行。

犹太人望着远去的英国人,心中想着:"白白让钱从身边溜走,真没出息。"

后来,两人同时进入一家公司工作。这家公司规模小,两人工作很累,薪水也很低。英国人做了几天就不满地离职了,犹太人却继续留下。

三年后,英国人和犹太人在街上相遇,此时犹太人已经成为老板,而英国人却在准备找新工作。

英国人问犹太人:"你连一枚硬币都捡,怎么这么快就发达了?"

犹太人说:"正是因为我珍惜一枚硬币的价值,才能逐渐累积财富,而你对一枚硬币不屑一顾,小钱你都不珍惜,如何能赚大钱呢?"

理财专家的理财秘笈

英国人不是不爱钱,但在他眼里,只有大钱没有小钱。殊不知,任何财富都是由小钱累积而成。没有小钱,哪来大钱?

Lesson 9 切忌跟风

Financial Experts

摩洛哥渔业资源丰富，盛产沙丁鱼。有一次，一位摩洛哥商人为了向异国商贩推销沙丁鱼，就编造了一个谣言，说海洋环境不断恶化，沙丁鱼的数量正在逐渐减少，不久沙丁鱼的价格就要上涨。

那位异国商贩信以为真，为了赚取更高的利润，赶紧从摩洛哥商人那里购买了一批沙丁鱼罐头，回国后就对其他的商贩推销说，这种沙丁鱼是一种罕见的珍稀品种，然后以高于收购价许多的价格出售。

买到沙丁鱼罐头的商贩很快又以更高的价格卖给了另一位商贩，就这样，这批沙丁鱼罐头被不断买进卖出，价格也不断抬高，参与买卖的所有商贩都从中赚得不少利润。

这批沙丁鱼罐头从摩洛哥出发，几乎走遍了大半个地球，而它在"环游世界"中身价也急速飙升，超过原有价值的上千倍，人们都将它当做天价宝贝，却忘记罐头里装的只是普通的沙丁鱼而已。

最后，这批沙丁鱼被一名富商以天价购买，当地媒体对此事大肆渲染。三天后，富商在他的豪宅举办了一次规模盛大的宴会，邀请当地所有名士来品尝这种天价沙丁鱼。

宴会上，在众人的注视下，富商打开了沙丁鱼罐头。没想到，盖子一打开，竟然传出一股恶臭，富商和宾客都忍不住皱紧眉头。原来，这批天价沙丁鱼罐头经过几年的"环游"，早就变质了。

富商觉得很没面子，盛怒之下找到当初卖他罐头的商贩，那商贩却回答说："谁叫你打开的？难道你不明白，这种天价沙丁鱼只能用来买卖，不是用来吃的。"

理财专家的理财秘笈

跟风的人只能算"投机者"，而非"投资者"，他们并没有对自己的投资行为进行慎密分析，也不清楚市场存在哪些风险。

Lesson 10　真正的损失

Financial Experts

农场的女主人是位勤俭持家的主妇。

到了八月份，该剪羊毛了。女主人心想："以前都是请剪毛匠来剪羊毛，要支付不少工钱，这次还是自己来剪吧！这样就能省下一笔钱。"

女主人拿着一把剪刀来到羊场，先挑了一只雪白毛长的羊。由于以前从没剪过羊毛，她一手抓住羊，一手握着剪刀，却不知该如何下手。不过她心想："剪羊毛应该是剪下去就行了。"所以就将剪刀深入羊毛中，随意剪了起来。

然而，她实在没有剪羊毛的经验，一不小心，竟将羊的一块皮剪下来。

那只羊痛得咩咩叫，挣脱女主人的手，对她说："主人，你为什么要剪伤我？我的皮里可没有羊毛啊！你要是想吃我，就把我送到屠宰场；若是要我的羊毛，可以请剪毛匠来。他们会熟练地剪下我的羊毛，而不会伤害到我。"

理财专家的理财秘笈

"石油怪杰"保罗·盖蒂说过："我宁愿让一百人付出百分之一的努力，也不愿意自己一人付出百分之百的力量。"女主人就不明白这个道理，她认为请人剪羊毛会多花钱，却忘记剪毛匠的熟练技巧，能够减低许多不必要的失误，而增加实质的收入。

Lesson 11　不劳而获，不能长久

Financial Experts

有一个地主，他有三个好吃懒做的儿子，为了让儿子更勤劳，他在临终前对三个儿子说："我把这辈子所有的积蓄全部埋在地里了，你们去挖出来吧！"

"我们家有几百亩田，您埋在哪里呢？"大儿子问。

"它就埋在……"地主喘着气，声音含糊不清，三个儿子都没听明白。

"父亲，积蓄究竟埋在哪里呢？"二儿子急切地问。

"你们必须亲自将它挖出来。"地主说完这句话，就断了气。

三个儿子都想尽快找到这笔钱财，因此匆匆安葬完父亲后，就拿起铁锹，在那几百亩的田地上挖起来。

虽然三个儿子平日懒惰成性，但由于寻宝心切，竟然变得十分有毅力，用了六个月的时间，翻遍了那几百亩田地的每一片草皮和每一个土块。然而，没有任何人发现那笔财富。在失望之余，却意外发现这百亩荒地经过翻土后，已经变得十分肥沃了。六个月的时间，也改变了他们原本好吃懒做的个性，三兄弟开始在田地上播种谷物。

春天播种，秋天收割。他们将这些农作物销售之后，赚了不少钱，此时才明白，父亲临终前所说的宝藏就是这片土地。

理财专家的理财秘笈

勤劳是致富的重要因素，它能为人带来最实际的收获。

Lesson 12　造福他人

Financial Experts

在一个小镇上，富人 A 过世了。他生前虽然奢侈糜烂，但在出殡当天，全镇的人都出来为他送行，有人哭泣、有人哀叹，大家都为他的死亡感到惋惜。

无独有偶，一个星期后，镇上另一位富人 B 也离世了。富人 B 和富人 A 不论是性格或生活方式都截然不同，他一生节俭，生活清贫，坚守生活清规，同时也时时在家念经，为人祈福。然而却少有人得知富人 B 过世的消息，因此在葬礼中，只有亲近的家人朋友为他送行。

一位旅客看到这两种迥异的场面，甚是不解，就向旅店的老板询问："小镇的居民真是奇怪，他们为一个浪费之人的死惋惜，却对一位好人的死冷漠无视。"

老板回答说："人们毕竟是自私的，富人 A 虽然好色嗜酒，但因出手阔绰，从不计较价钱，镇上多数人都受过他的恩惠。在镇民的眼中，他就是一位财神爷，所以死后，大家都会难过自己未来少了一个稳定的经济来源；反观富人 B 从不吃肉，只吃面包喝清水，许多商家无法从他身上赚到钱，因此认为他是一位守财奴。事实上，富人 B 是做善事不为人知。"

"你可以看看，再过三个月，大家都会遗忘了富人 A，而富人 B 的善行却能深入他身边每位亲朋好友的心中。"

理财专家的理财秘笈

钱财是帮助我们与他人建立关系的一个桥梁，但如果只是单纯的钱财交易，只会让双方关系留下肤浅的印象。社会上有许多值得尊敬的企业家，他们在创造财富之后，用财富回馈社会，与他人建立更深刻的连结，这样才能让理财变得更有意义。

Lesson 13 好的生活品质

Financial Experts

一九二三年在美国芝加哥，一群权倾一时、富甲一方的大亨汇集一堂，商议美国经济的发展走向。这次会议引起了轰动，成为世界关注的焦点事件。

这些大亨中，有钢铁集团总经理查尔斯·施瓦布、世界最大的公用事业公司主席塞缪尔·英萨尔、纽约证交所主席理查德·惠特尼、国际清算银行总裁利昂·弗雷泽、最大的煤气公司领导人霍华德·霍普森。这些人个个腰缠万贯，掌握的财富超过美国当年 GDP 的一半，可以说对美国经济乃至世界经济都起着举足轻重的作用。有评论认为，该次会议上所做的决定，至少能影响美国经济二十五年。

会议内容是保密的，因此美国经济是否在他们的预料内，没人能确定，但这些大亨们的命运却是世人有目共睹的。他们都不得善终，钢铁集团总经理因为银行倒闭而饿死，因为之前五年他一直靠借贷度日；公用事业公司主席因投资失败死于国外；煤气公司领导人疯了；国际清算银行总裁因破产而自杀。

这些曾经翻云覆雨的大人物虽然很会赚钱，却不懂得生活。有人曾研究他们的生活，发现他们的共同点，就是生活混乱无序。这些人心中只有财富，为了求财连生活也不管，导致自己的精力和精神状态每况愈下，以致盛极而衰。

理财专家的理财秘笈

其实生活比赚钱更重要，因为赚钱就是为了更好的生活。当我们有了钱财，只要懂得善加利用，就能获得快乐与幸福。

Lesson 14 遗忘的经验

Financial Experts

有一个穷人，生活潦倒，整日为衣食发愁。

一次，他在大街上看到一个百万富翁开着轿车，出入高级饭店，心里很是羡慕，就寻个机会找到富翁，对他说："我愿意在你家里干三年活，你不用支付我任何薪水，只要管我吃住就行。"

富翁觉得很划算，就答应了穷人的请求，把他留在家里做工。

十年过后，这位穷人变成了富甲一方的大富豪，所拥有的钱财比昔日的富翁主人超出数倍。

那位富翁见到这位新富豪，对他说："我愿意花十万美元，请将你致富的经验传授给我。"

新富豪哈哈一笑，说："我的经验都是从你那里学来的，现在反过来你要花巨资来买我从你那里偷师的经验！"

原来，这位新富豪当年利用在富翁家三年的打工时间，学会了富翁致富的观念和方法，再加上自己的努力，才获得许多的财富。富翁明白了此事后，心中不胜感慨，重新回去检视自己的理财方法。

理财专家的理财秘笈

我们通常喜欢请教有理财经验的人，因为对方就像是一个百宝箱，总能根据以往经验提出切实可行的建议。但要记得，这些经验只能用来参考，还是要找到适合自己的方式。

Lesson 15 切莫投机

Financial Experts

一九九七年,陈九霖被派往新加坡担任中国航油新加坡分公司执行董事兼总裁。他肩负着一项重要的任务,就是重整这家自成立以来就一直亏损的分公司。陈九霖凭借其高超的经营手段和卓绝的见识,很快让公司业绩转亏为盈,在短短数年里,公司的净资产翻了数百倍,并在新加坡成功上市,成为新加坡股市筹资最多的上市公司。陈九霖也因此成为新加坡有名的企业领袖。

不断的成功让陈九霖有了超强的自信,然而这种自信逐渐膨胀为自负。自从出任中航油总裁后,公司共进行了四次大收购。陈九霖将四次收购称为四次豪赌。他认为,赌博是人的天性,爱赌才会赢,拥有赌博的精神,才能使公司快速发展。他在这种赌徒心态的支配下,逐渐背离正常的经营轨道,转而从事风险投资。

二〇〇四年年初,陈九霖没有经过相关机构批准,擅自做主,将公司的资产用于石油期权交易。开始的顺利让他忘乎所以,认为自己将会在石油期权交易上大展拳脚,有一番作为。但他缺少风险意识,在过于冒险的情况下,忽略投资中最基本的停损和停利,因此不到一年就出现亏损。接二连三的投资失败,造成公司数亿美元的损失,这引起了总公司和新加坡政府的关注。

二〇〇四年,分公司因为陈九霖的投资亏损,一切营运和管理工作都相当混乱,所以向新加坡法院申请保护。最后陈九霖也因此受到多项指控,被判服刑与罚款。

理财专家的理财秘笈

在投资理财中,最忌投机取巧,这等于将钱财的安全寄托在运气上,是十分愚蠢的。理财不可能一夜暴富,投机更像是在赌博,十有八九会输得一塌糊涂。

Lesson 16　没有最完美

Financial Experts

在大陆有一位农村企业家,经过十多年的努力,终于有所成就。他很想在北京买一栋别墅,将全家都迁居到北京生活。因此,他到北京四处走访各家房地产公司,寻找理想的房子。他理想的住所,必须位于繁华的市区,但要有一片广大的庭院,而庭院内要有花、有草、有河水,就像在山乡田野一般。此外,房屋建构必须雅致美观。这位企业家看遍了各地的豪华别墅,都找不到心目中的完美房子,彷佛整个北京都没有能满足他要求的别墅。

某天,他参观完一栋房子,仍是不满意,百无聊赖的他来到北京的闹市闲逛。无意中,他看到一处红砖绿瓦的大宅院,视野宽广、绿意盎然,很有古典气质,就连保安物业也十分完备。他心想:"这不就是心目中的理想居所吗?"他拉住一旁的保安人员,问他:"售楼处在哪里?"

保安回答:"我们这里没有售楼处,只有售票处。"

原来这处符合他理想的居所,竟然是故宫。

理财专家的理财秘笈

不管你想储蓄还是炒股,都不要追求绝对的完美,否则你不但得不到满足,贪心反而会让你一无所获。

Lesson 17　先付出，再收获

Financial Experts

有位商人到一座城市推销鱼缸，这些鱼缸工艺精细、造型精巧，非常美观，但这座小城的人没有养鱼的习惯，不了解养鱼的乐趣。因此，商人再怎么努力推销，也无法卖出几个鱼缸。后来商人跑去花鸟市场，向卖金鱼的老板订购了五百条小金鱼，要求他将鱼带去一条穿城而过的水渠上游，并且全部倒入水渠里。金鱼老板有点摸不着头绪，问他："你不是要买鱼吗？为什么又要我放了？"

商人说："这你不用管，只管放，钱我照付。"

老板只好遵从商人的指示，将五百条金鱼全部倒入清澈的水渠里。

到了下午，有人发现了一个奇观：城里的水渠，跑出一条条美丽的金鱼。这消息一传十，十传百，整个城的人都知道了。城中的人纷纷来到水渠旁看热闹，也有许多人站在水渠浅水处捕捉金鱼。捉到小金鱼的人，马上跑去买鱼缸；即使没有捉到金鱼的人，也去买了鱼缸，因为他们认为自己总会捕捉到的，鱼缸早晚用得上。

但这时城中只有这位商人在卖鱼缸，即便他将鱼缸的售价提高一倍，大家还是抢着购买。这几千个鱼缸很快就被抢购一空，而商人也因此发了大财。

理财专家的理财秘笈

欲先取之，必先予之。如果商人不舍弃那五百条金鱼，又如何能获得卖出几千个鱼缸的财富？在理财时，我们也应该舍得付出，敢于以钱换钱，才能为自己创造财富。

Lesson 18 股票大王的进取精神

Financial Experts

　　杰西是一名穷苦的犹太人，甚至曾被迫靠乞讨过活。虽然生活艰辛，但杰西却没有因此而消沉堕落，而是利用身边有限的资源，不停地阅读捡来的报纸学习知识。后来他开始关注报纸上经常出现的股市、经济等资信，并立誓要投资股票，创立自己的事业。

　　为了实现这个承诺，杰西在丰富相关知识的同时，又试图到股票交易所谋求工作。由于身分的缘故，只能找到一份抄黑板的差事，每个星期才领微薄的六美元。但他仍旧积极地工作，并在业余时间仔细研究股票的相关业务和市场变化。十六岁时，投资所赚取的利润，已经远远超过他的薪资。

　　杰西一边努力工作赚钱，一边不断地丰富股票知识，为自己投资创业打基础。几年后，他用自己辛苦存下的两千五百美元闯入了华尔街，开始自己的投资理财之路。到一九二八年，杰西每月已可赚取二十万美元，并且被称为"股票大王"。一九二九年，他更因为预测到市场经济的衰退，所以在爆发经济危机之前，果断地抛出所有的股票，获取巨额利润。

理财专家的理财秘笈

　　不论做任何事，"心态"都是关键，积极进取的理财心态是赚钱的根本，也是投资理财时最宝贵的精神财富。故事中的杰西，就是凭着积极进取、认真学习的精神，获得了成功。

Financial Experts

一天一堂课，受用一辈子！
· MEMO 理财专家随身笔记 ·

Yes! You are the ONE!
你就是自己的理财专家

十二月 December
理财专家以诚信为本

俗话说："小财靠勤，中财靠智，大财靠德。"在理财的道路上，好品德才能带来厚财富。良好的品德与诚信的态度，就是一种无形资本。

Financial Experts

Lesson 1　勤能补"财"

Financial Experts

有消息说萨文河畔有金子，于是很多想发财致富的人纷纷来到这里淘金，皮特就是其中之一。

然而这些淘金者挖遍了整个河床，却很少有人挖到金子，纷纷失望而归。但是皮特没有因此放弃，而是在萨文河畔购买了一块土地，继续没日没夜地挖金子。

六个月过去后，他翻遍了整块土地，没有任何金子的影子，此时他的积蓄已经花光，只能离开这里，到其他地方谋生。就在他离开的那天清晨，他突然发现，这片他耕耘过的土地，长出了一层翠绿的小草。

原来，他六个月没有挖到金子，却将土地翻了一遍，让土地变得肥沃，再加上临近萨文河，水源充足，因此植物在这片土地上得以生长。

见此，皮特心想："为何我不在这块土地上种花，然后拿到镇上卖给那些有钱人？他们一定愿意用这些花来布置房屋。"

这时，皮特看到了希望，他下定决心留下来种花。

皮特向一位朋友借了些钱，买了花种，栽种在这块土地上。之后，皮特将所有精力都花在培育花苗上。很快，他的土地上长满了美丽娇艳的鲜花。

于是，皮特挑了一些特别鲜艳的花到镇上去卖。镇上那些有钱人看到这些鲜花都赞叹不已，纷纷向皮特购买。

五年后，皮特实现了他最初淘金的梦想——成为一名富翁。

理财专家的理财秘笈

"勤奋"的态度就是致富的关键的因素，因为致富之路总是漫长，勤劳不懈才能换来保障。

Lesson 2　赌王不赌

Financial Experts

何鸿燊身价过亿，素有澳门"赌王"之称，在谈论自己的奋斗经验时，却说了这样一句话："不赌才能赢。"

听到这句出人意料的话，很多人都感到不解——赌王不赌，那么他是怎样成为赢家的呢？

何鸿燊初到澳门之时，身上只有十元港币，但他并没有抱着侥幸心态去赌场碰运气，而是在一家贸易公司上班。在工作期间，他踏实诚恳，很快便拥有自己的固定客户。公司股东见他头脑精明，是个可塑之才，便邀请他入股。而他也确实凭着一双慧眼，发现了商机。因为港澳粮食不足，他用澳门的一些剩余物资换取中国大陆的粮食，从中盈利。正是这笔贸易往来，为他将来的成功打下了坚实的基础。

一九六〇年，一家承包澳门赌业的公司合约已到期。何鸿燊听到这个消息后，知道这是一个千载难逢的发展良机，便全力参加竞标。最终，他以八万元的优势打败竞标对手，赢得澳门赌业的专营权。

取得专营权后，他并没有就此自满、止步不前，而是用经营产业的方式开始经营赌业。为了扩大客流量，他投资修建了一支现代化船队，专门接送往来港澳之间的游客。此外还投资修建机场，吸引全世界的游客。他也提出全面发展的策略，提倡旅游与赌业结合，用赌业带动澳门的饭店、餐饮、旅游和交通发展。在赌场人员的管理上，他安排了很多深谙管理的人才，逐渐转变赌业的管理方式。

经过这一系列的改革，何鸿燊不赌却成了大赢家。

理财专家的理财秘笈

何鸿燊的巨额财富与赌业密不可分，却不是靠赌博得来的。想要获得财富，除了拥有智慧和实力之外，还要踏实勤奋，并且抓住机遇。

Lesson 3 用热情招揽财富

Financial Experts

凯恩毕业之后，他的母亲就将家族的杂货店交给他经营。杂货店的生意还算不错，收入足够维持母子两人的生活。

但凯恩认为杂货店是一家小店，没有发展前景，而他有创业的宏图大志，因此他找了当地银行，贷款九万五千万美元来扩充店面。

凯恩将杂货店扩建为一家超级市场，开业那天吸引了大量的顾客。凯恩善于经营，再加上他的超级市场在当地一家独大，因此，生意非常好。

然而好景不长，半年后，当地陆续增加了十家超级市场。每新开一家，凯恩的营业额就会降低一成。后来，他的生意渐渐变差，甚至不如当年的杂货店，这实在令他沮丧。

不过，凯恩很快就重建信心，召集了店里四个员工，五人一起到当地一位演说家家中接受公开演讲培训。在培训过程中，演说家一直强调心态的重要性。他说，只有正确的心态才能为他们带来财富。其中，演说家谈到关于热情服务的内容，让凯恩深受启发。

从此，凯恩就要求员工对工作投入更多热情，使顾客从进入店里到走出店门，都能感受到周到的服务。

凯恩的热情服务效果惊人。一个月后，店里的营业额就从六万美元提升到十五万美元。

理财专家的理财秘笈

凯恩的店与竞争对手相较之下，大家的商品种类应该是差不多的。提升竞争优势的方法不只一种，凯恩从服务态度上下手，确实是明智的做法。

Lesson 4 真心换真金

Financial Experts

陈先生是很有名的企业家，个人资产上亿，这样一位"金主"自然成为保险公司的重点客户。然而几年来，无数保险业务员拜访了陈先生，都无一例外地无功而返，因为陈先生根本不相信保险。

王苏南也是一个保险业务员，他听说此事后，就搜集了陈先生的相关资料并仔细研究。经过分析，他认为陈先生不是一个吝啬的人，完全有可能接受保险。于是，王苏南暗下决心，一定要攻下这座"堡垒"。

王苏南不像其他保险业务员那样直接登门拜访，而是经常到陈先生的卖场去买些日用商品，有时遇到陈先生，就主动与他打招呼，但从不提保险的事。

由于经常见面，陈先生对他印象深刻，也得知他是一名保险业务员。有一次，王苏南在卖场遇到陈先生，像往常一样和他打招呼，陈先生就问他："你们公司的生意还好吧？"

王苏南笑着说："很好，投保的人很多，可惜缺少像你这样的大客户。"

陈先生问他："你们都说保险好，它究竟有什么用？"

王苏南回答说："其实保险的作用也不是很大，因为投保的险种是有限的，所以获得的保障范围也有限，而且保险只负责经济上的补偿，其他的如精神损失就无法弥补。不过话说回来，有保险总比没有好，毕竟很多人买保险就是图个心安。"

陈先生点点头，接着将他请到办公室，问他："如果我想买保险，你觉得我该买哪一种比较好？"

王苏南回答说："你可以买的保险有很多种，比如养老保险、医疗保险等，这要看你最需要什么。如果陈先生拿捏不定，我可以根据你的需要，为你设计几种保险方案，供你挑选。如果你觉得不合适，也可以修改，或者不买也可以。"

陈先生同意了王苏南的提议，回去后，王苏南连夜设计了三套保险方案，第二天就将方案送到陈先生手中。三天后，陈先生打电话给王苏南，表示愿意购买第三种方案的保险。

合约签订后，王苏南向陈先生表示感谢，陈先生却对他说："你应该感谢你自己，是你的真诚打动了我。之前来找我的那些业务员，总是过分夸大保险的好处，而你却能以客观的角度来介绍保险，让我觉得很实在。"

理财专家的理财秘笈

想要致富，不仅需要能力，还必须拥有"真诚的心"。真诚能感动他人，使他人在关键时刻选择信任你，让你的致富之路更加顺畅。

Lesson 5 赢得别人的信任

Financial Experts

莱恩开了一家公司，有一次资金周转出现问题，他就向朋友借了四十万美元。当时他没有任何财产可作担保，就对朋友说了一句话："相信我，圣诞节前我一定会还给你。"

转眼就到了圣诞节，莱恩的公司仍没有起色，不仅贷款还不出来，公司也缺少营运资金。他为了偿还朋友的四十万美元，四处筹措，却只筹到二十万美元。

妻子要他向朋友请求宽限半年，莱恩却摇头拒绝。后来，公司的总经理出了个主意——开张空头支票还给他吧！因为他不急着用钱，一定不会发觉，等账户有了钱再支付。莱恩却斥责总经理是个没信用的人，立刻辞退了这位共事多年的搭档。

最后，莱恩低价卖出自己的房子，终于凑齐了剩下的二十万，并如期还给朋友。但他们一家因为无房可住，只好到郊区租一间小房子。

他朋友不知道莱恩为了还钱，竟把房子都卖了。直到一次周六去他家拜访，见房子已经易主，终于得知真相。

几经周折，这位朋友在一间农舍找到莱恩，见到老朋友生活得如此凄惨，他忍不住流下泪来。临走时，他对莱恩说："你要是再遇到什么困难，可以来找我。"

第二年，莱恩的公司逐渐步上正轨，生意也开始变好，他不仅还清了贷款，还买了新房新车。

然而世事难料，莱恩的事业才刚稳定，马上又遇到了困难——他的竞争对手联合起来骗取莱恩的贷款。

莱恩挡不住对手的强势攻击，公司被迅速拖垮，他不得不变卖新房新车来偿还贷款。当他还清最后一笔债务时，也宣告破产。

但莱恩不甘心,他想重整旗鼓,东山再起。可是他如今一无所有,没有担保人和抵押物,不可能得到贷款。后来他想到那位曾经借钱给他的朋友,就抱着试试看的心态打了电话给他。对方一听说他有困难,立刻带了四十万支票,亲自交到他手里。

莱恩拿着支票,咬着牙坚定地说:"你放心,两年后我绝对会还你!"

朋友拍了拍他的肩膀,笑着说:"我相信你,你一定会再成功的!"

理财专家的理财秘笈

想赢得别人的信任,就必须付出实际行动。如同故事中的莱恩,不论如何都坚持信守承诺,这样的态度让朋友对他信任不已,在他需要帮忙时,毫不犹豫地伸出援助之手。

Lesson 6　做事先做人

Financial Experts

布里特是一名矿泉水推销员，为了推销罐装矿泉水，他每天都很努力，但因罐装矿泉水是新产品，市场接受度并不高。

他工作的第一个月，总共只买出十六罐，只能得到微薄的底薪。公司规定，每推销出一罐矿泉水，可获得零点五元奖金。因此，他更加卖力，以期拥有更好的业绩。

第二个月，他凭着不懈的坚持，争取到三十二个新客户；第三个月，他更加信心十足，相信自己能更上一层楼。

这天，布里特送水到一位客户家中。进入屋中，发现屋里只有一位坐在轮椅上的老妇人。他把水桶安装好后，正准备请老妇人签收时，老妇人家的电话响了。她听完电话，突然变得很焦虑。布里特请老妇人签了单后，热心询问她是否需要帮忙。老妇人告诉他，有客人要来家里，但客人不知道地址，希望有人能去火车站接他，可是老妇人的儿子在上班、媳妇在外地出差，保姆又出去买菜，没人可以去接客人。

布里特听完便自告奋勇，很快就帮老妇人把客人接回来了。

接下来的一周里，布里特不断接到新的订水电话。这些新客户包括老妇人的邻居、老妇人儿子的公司，以及老妇人的朋友等等。

这个月里，布里特的销售业绩猛增至六百罐。他觉得应该好好感谢那位老妇人，于是特地登门道谢，老妇人却笑着说："这一切都是你应得的，因为你先向我施以援手，我也希望帮你争取业绩。"

理财专家的理财秘笈

布里特的一次善举，为他换来倍增的业绩。所谓"我为人人，人人为我"，就是这个道理。放开心胸帮助身边的人，在提升自己人脉的同时，钱脉必定随着增加。

Lesson 7 我为人人，人人为我

Financial Experts

赵重熙是韩国韩进集团的董事长，他在一九四五年成立了韩进商场，也就是韩进集团的前身。当时由于受朝鲜战争及韩国国内物资匮乏的影响，他的商场发展一直很缓慢，但一次意外事件成为他事业发展的转捩点。

那一天，赵重熙开车经过富平时，看到路边停着一辆抛锚的汽车，一位白人女士正蹲在车下费劲地修车。热心的赵重熙停下车，凭着以前的修车经验帮助那位女士。没想到这位女士竟是驻韩美军高级将领的太太，因为被赵重熙的热心感动，就介绍他与自己的丈夫认识。在这位驻韩美军高级将领的帮助下，赵重熙接下了美援物资运输这笔大生意，并成为驻韩美军的长期合作伙伴，也让他的事业开始真正起飞。由于物资充足，他的韩进商场规模日渐扩大，成为韩进集团。

在二十世纪七〇年代的越战期间，韩进集团又得到一次发展良机。赵重熙凭着与驻韩美军的亲密关系，获得了在越南从事军运的许可，从中赚到了一点三亿美元。如今，韩进集团已经成为韩国最大、在世界上享有盛誉的物流企业，每年的营业额超过一兆两千亿韩币。而韩进集团能发展成为世界知名企业，最大的机缘就是赵重熙无意的善举。

理财专家的理财秘笈

人与人之间需要通过相互帮助来建立关系。如果在生活中持续助人，当你在事业上需要帮忙，而对方也有能力满足你的所需时，一定愿意挺身而出。

Lesson 8　树木要有根，生意要有信

Financial Experts

　　这是一个真实的故事，故事的主角是北大天正科技的总裁黄斌。

　　一九九三年，黄斌与朋友合租了一间小店面做电脑组装的服务，开始了所谓的IT事业，而当时的创业资金只有一万五千元。他们接到的第一笔订单是惊人的一百万元，下订单的是一位香港客户，由于黄斌的报价比其他公司低廉很多，这位客户立刻就与他们签了合约。但签约后，黄斌才发现，自己将报价算错了，若依照这个价格完工，自己还得赔上四万多元，而那还远远超出他的一万五千元本钱。

　　在这个状况下，黄斌有三种选择：第一种是讲信用，依照合约将这单生意做完，即使花光本钱也要做；第二种办法是向客户讲明实情，请对方补上差价；第三种就是推掉订单。

　　经过一个晚上的深思熟虑，黄斌决定按照第一种办法来做，并按时向香港客户交了货。那位客户后来得知实情，非常感动，不久又依照市场价格，下给他们一百台的订单。黄斌用诚信赢得了客户，赢得了这笔的订单，也赚进了自己的第一桶金。

　　许多人问黄斌，如何赚到人生的第一桶金？黄斌就将这个故事说出来，他最后总笑着说，那笔生意不但没有赚钱，反而赔了四万多元，但却赚到金钱买不到的诚信。

> **理财专家的理财秘笈**
>
> 想要在经商或者投资上取得成功，就必须讲诚信。诚信是成功的必要条件，它就像树木的根，树木没有根，就没有生命；没有诚信，成功也没有实现的可能。

Lesson 9 善良的回馈

Financial Experts

一个风雨交加的夜晚,一对老夫妇全身湿淋淋地走进旅馆大厅,想要住一晚。夜班服务人员翻看了住房登记表,带着歉意对这对老夫妇说客房已满,不过他可以打电话询问附近的饭店,帮他们找寻空房。

这对老夫妇显得憔悴而焦急,他们说已经跑了一整天,实在走不动。这位夜班人员起了怜悯的心,便对他们说:"我今晚要值班,若你们不嫌弃的话,可以在我的房间休息一晚。虽然这不是豪华的套房,但还算干净。"老夫妇带着感激的心,在他的房间住了一晚。隔天要离开时,老先生准备支付房钱,这位服务生却拒绝了,他说:"我的房间是免费借给你们住的,况且我已得到应得的薪资了。"老先生点头称赞:"你是每个旅馆老板梦寐以求的员工,或许改天我可以帮你盖栋旅馆。"

这位服务生报以微笑,说了声"谢谢",不过他认为老先生只是在开玩笑,并未当真。

两年后,他仍然在该饭店当服务生,某天忽然收到一份来信,信中提到那晚的事,另外还附上一张邀请函和一张纽约来回机票,邀请他到纽约曼哈顿市一游。当他来到相约地点时,看到老先生站在一栋豪华的饭店门口,老先生对他说:"我曾对你许下一个诺言,你记得吗?这就是我为你盖的旅馆,希望你能来经营。"

原来这位老先生是威廉·华尔道夫·阿斯特,他所盖的旅馆正是在纽约代表极致尊荣的华尔道夫饭店,而这位年轻的服务生则是担起重要推手的乔治·波特。

理财专家的理财秘笈

乔治·波特的幸运并非从天而降,因为他一直秉持真诚待人的心,才有机会得到对方善意的回馈。

Lesson 10　生意的第一要诀

Financial Experts

　　日本着名企业家小池国三说过一句话："做生意和做人一样，诚实是第一要诀。如果生意是一棵树的话，那么诚实就是根，决定着树的生命。"

　　小池在十三岁时成为一家机器公司的推销员，二十岁时就开了一家小商店。凭着良好人脉，第一个月与三十三位顾客签订合约，并且收取了订金。但偶然之下，他发现自己卖的机器比其他公司同样性能的机器价格稍贵。小池心想："如果客户得知此事，一定会怀疑我的诚信，认为我在欺骗他们。"所以他立刻打电话给所有客户，解释售价问题，并表示愿意无条件接受对方解约和退货。

　　小池的诚信让每一位顾客都很感动，这三十三位顾客不但没有解约，还纷纷向他表达敬佩之意，并成为忠实的顾客。

理财专家的理财秘笈

诚实就是生意成功的第一要诀。所谓生意，是指双方的交易，如果没有诚信，就没有良好的交易。生意人若要长远发展，诚实是首要原则。

Lesson 11　不义之财不宜取

Financial Experts

小王以砍柴和卖柴为生。随着年龄增加，在运送木柴时常感到吃力，于是决定买一头驴子帮他工作。他隔天就去集市购买了一头驴子，当他回到家中，准备清洗这头驴子时，却发现驴鞍下面有一个小钱袋。打开钱袋，发现里面竟然有数十枚金币。

小王的家人看到金币后十分高兴，说："这真是天上掉下来的好事啊！现在我们是这些金币的主人，可以买好几头健壮的驴子，或者拿来盖新房子也不错！"

小王却坚定地摇着头说："我们只是买下了这头驴子，并没有买下这些金币，所以这些金币并不属于我们。"说完，就拿着钱袋返回集市，寻找那名驴贩子。当他将钱袋还给驴贩子时，驴贩子抱着小王，并激动地说："这些钱是我的老本，原本以为一切都完了，这些金币一定找不回来的，但是没想到竟然遇到您这位大好人！"

看着一脸微笑的小王，驴贩子禁不住问道："为什么您愿意把钱还回来呢？您带走驴时，我并不知道钱袋就在上面，就算您不把钱送回来，我也不会知道的。"

小王微笑着说："我买的是你的驴，而不是驴身上的东西。金币确实诱人，但我清楚那不是自己应得的财物。我有双手能赚钱，这个钱袋理应还给你。"

理财专家的理财秘笈

人的一生就是不断赚钱、花钱的过程。因此，一个人对待金钱的态度便是他对待生活的态度。诚实本分的人会用自己的双手经营生活，即使平淡仍能心安；靠着谋取不义之财而生活的人，就算过着丰富多彩的生活，也是寝食难安。

Lesson 12　最宝贵的资源

Financial Experts

　　和田良平是八佰伴商业集团的创办人。每当他在分享八佰伴的发展历史时，总要提起一场台风，因为那场台风就是八佰伴的重要转捩点。

　　一九五八年九月十五日，一场特大台风袭击了日本沿海一些农村，由于当地是日本的蔬菜产地，蔬菜产量受到台风的影响，因此出现短缺的现象。隔天许多商场和菜商立刻大幅提高蔬菜的价格，例如平日十日元一根的胡萝卜竟然涨到一百五十日元。

　　就在其他商场大幅涨价的时候，八佰伴却没有跟风涨价，而是按照平日的价格出售。八佰伴告知顾客，他们有充足的蔬菜提供大家购买，并且还劝告大家不要着急抢购，因为短缺只是暂时的，价格很快又下降回来。

　　和田良平的作法让顾客们深深感动。此后，愈来愈多顾客将八佰伴作为购物的首选，不管距离多远，他们都会到八佰伴的商场买东西。顾客的信任奠定了八佰伴日后快速发展的基础。

理财专家的理财秘笈

在面对巨额利益诱惑时，你是否能坚守诚信？这的确不容易做到，但若能做到，就会赢得他人的信任，而他人的信任正是帮助生意发展最重要的指标之一。

Lesson 13 贪心的小偷

Financial Experts

一名犹太商人来到一个小镇做生意。由于随身携带了很多金币,不放心将金币放在旅馆内,而且当地没有银行,所以趁着天黑,在一个无人的地方挖了个洞,把钱藏在洞里。但第二天去取时,竟发现整袋金币早已不翼而飞。

犹太商人盯着洞发呆,回想当时藏钱的情形,突然注意到远处有栋房子,因此怀疑这家人看到他藏钱的经过,并且趁机把钱偷走。他知道不可莽撞地去跟对方要钱,因为对方一定不会自己承认。几经思量,他想出了一个夺回金币的计划。

犹太商人来到那间房子门前,对房子的主人说:"您是本地人吧?我想向您请教一件事。由于我刚从外地来这做生意,带了两个大钱袋,一袋装有八百金币,另一个则有五百金币。昨天我已经将小钱袋偷偷埋在一个没人的地方,但不知道该如何处理这个大钱袋,您说我是交给别人保管好,还是两袋钱都埋在一起呢?"

这位小偷一听,心想又能大赚一笔,按捺住激动,淡淡地说:"你刚从外地来,哪能找到值得信任的人呢?还是将它埋起来吧!"犹太商人点头认同,表达感谢后便离开了。

商人离开后,小偷马上把偷来的钱袋重新埋回原来的地方,等着把两袋钱一起偷走。藏在暗处的商人感到欣喜不已,赶紧拿回自己的钱袋,离开了小镇。

理财专家的理财秘笈

在理财时,不要想占他人便宜,更不可贪心,否则后果不堪设想。

Lesson 14　信誉无价

Financial Experts

　　永安堂是一家有数百年历史的老医馆。至清末，这家医馆传至胡子钦和胡文虎两父子手中。胡子钦行医多年，对药理颇有研究，平时就喜欢搭配药剂，以及研制各种药品，以治疗疑难杂症，永安堂传下来的许多名药都是他发明的。

　　胡子钦有两个儿子，长子胡文虎、次子胡文茂，儿子与其父一样，自幼立志成为一代名医。胡子钦是位良医，却不是个生意人，常因突发奇想而买入一些珍稀药材，却又因资金周转困难而惯性赊账。随着次数的增加，卖家抱怨的声音愈来愈大，也使得永安堂的名声逐渐低落。在很长一段时间里，永安堂的生意都很惨淡，让胡子钦更无力偿还债务。

　　后来，胡子钦突然撒手人环，留给儿子的，除了"永安堂"这块招牌，就是生前所欠的巨额债务。那些债主见胡子钦突然暴毙，纷纷上门要文虎、文茂两兄弟还债。父债子偿，理所应当，但他们哪有钱还？胡文虎只好安抚各位债主，表示一定会还债，并且变卖了家中所有值钱的东西，加上药铺仅剩的一些银两，逐一上门还清债务。

　　由于这些债主都是与胡家有长期生意来往的药材商，胡文虎的举动立刻获得了他们的信任，纷纷表示愿意与永安堂继续合作。永安堂的名声再次受到赞赏，生意也逐渐好转。此后，胡文虎还成功地发明了"万金油"，并且采用多种营销手段扩大其知名度，让"万金油"成为享誉国际的药品。

理财专家的理财秘笈

　　胡文虎为还父债，不惜变卖家产，赢得了声誉，也为以后的事业发展奠下良好的基础。信誉是商家的生命。讲信誉虽然需要付出代价，但信誉所带来发展的机会，却是金钱无法衡量的。

Lesson 15 独立创造财富

Financial Experts

金津是大陆浙江精功集团董事长金良顺的儿子，在许多人心目中，他就是个好吃懒做的富二代。但他凭着自己的努力与拼搏，闯出了一片天，打破其他人的偏见。

金津从小就热爱游戏，最初玩的是像万王之王的桌上游戏，后来开始对网络游戏有兴趣，就玩遍各种网络游戏。但他并没有沉迷其中，反而从中发现潜在的商机。

初三那年，他就凭着网络游戏赚取了第一笔财富。原来，他与另外四个同学组成了一个小组参加电玩比赛，每人获得了一千元奖金。虽然这一千元对于富豪之子微不足道，却让他更坚定玩游戏也能赚钱的看法。读大学时，他开始琢磨如何把商业模式放入游戏中，比如设立代售游戏卡点、转卖游戏装置等。这些看似毫不起眼的生意，也为他带来上百万的收益。

经过仔细思量，金津决定辍学，并且向父亲"借"钱，以一千多万的资本，创立一家以研发 3D 游戏为主的网络科技公司。此举让很多人不解，为何他非要辛苦的创业，而不是安稳地守着父辈的江山？因为对金津而言，成为一名独立创业的企业家就是自己的人生定位。

事实证明，金津的想法是正确的，目前他的网络公司已有数百名员工，并且是当地最大的网游公司。

理财专家的理财秘笈

金津用自己的力量，创造个人财富的精神非常值得钦佩。我们需要学习金津坚毅的精神，替自己创造财富，如此才有安身立命的根基。

Lesson 16 坦诚的力量

Financial Experts

岛村芳雄是日本有名的企业家，由于他短短几年内就迅速致富，许多人都很好奇他致富的秘诀。岛村芳雄回答说："秘诀就是诚实，我是从一角钱的诚实起家的。"

当年，岛村芳雄成立了丸芳商会，开始经营麻绳业务。他以每根五毛钱的价格进购了一批麻绳，一般来说，这些麻绳售价一定会高于五毛钱，毕竟过程中还有运输、保管、搬运等费用支出。但岛村竟然以相同的价格将这些麻绳卖给东京的工厂和商店。如此一来，他不仅赚不到钱，还要赔钱，而岛村的"赔钱买卖"就这样持续了一年。这一年中，愈来愈多的东京商家都知道这件事，并跑来向他下订单。

当他累积足够的订单后，便跑去进货的麻绳厂，对经理说："过去一年，我都向你们购买麻绳，但我都是按照进价卖出，虽然销量都不错，我却一直赔钱。如果持续下去，我很快就会破产，是否能降低一点进价？"说完，他就将客户开给他的收据拿给经理看，经理对于岛村的赔钱买卖感到惊讶，于是就答应他，以后每根麻绳的价格是四毛五分钱。

接着，岛村又去找客户，对他们说："以前为了扩大通路，都一直按出厂价销售给你们，没有赚任何一分钱，但若持续下去，恐怕我的身家都得赔光。"客户对于他以往的服务感到感动，也都同意把收购价提高到五毛五分钱。这样两边的调整，每根麻绳就能获取一毛钱的利润。由于他的订单数量庞大，很快就获得了高达两千万日元的利润。

> **理财专家的理财秘笈**
>
> 诚实是人的美德，而在生意上，诚实则是一把打开成功之门的金钥匙，能带来宝贵的财富。

Lesson 17 放下虚荣心

Financial Experts

有一位年轻女孩在政府部门当一名小职员，每个月都把所有的薪资交给母亲当作家用。她的母亲感到欣慰，她也引以为傲。然而，几个月后，女孩突然迷上购买漂亮衣服。虽然她的衣服也都干净整齐，但是只要看到同事们穿着漂亮的衣服来上班，总觉得自己被比下去，变成乡巴佬一般。渐渐地，她的内心愈来愈渴望购买漂亮的名牌衣服。

一个周末的下午，受到虚荣心驱使，这位女孩来到一家服装店，让店里的裁缝为她订制了一套华丽的衣服。这件衣服非常昂贵，远远超出她能负担的价格，因此必须要先向店里赊账。之后，她不时会接到服装店打来的催款电话。

为了摆脱麻烦，她到某家商店偷了一笔钱来还债。然而，她偷窃的行为早已被店内的摄影机拍摄下来，因此很快就被逮捕。

几天后，法院判决偷窃罪名成立，这个年轻女孩还没享受到华丽衣服带来的满足，就穿上了监狱为她准备的囚服。

理财专家的理财秘笈

虚荣心会让人失去理智，进而做出错误行为。故事中的女孩就是因为虚荣心太重，最后造成终身难以弥补的错误。

Lesson 18　建立良好的信誉

Financial Experts

　　埃克森在纽约经营一家律师事务所。虽然律师名声响亮，但他的经济却十分拮据，所以也无法在银行建立良好的信用额度。经过一番思考，埃克森决定大胆地尝试不同的作法，希望能快速增加资产。

　　首先，他先跑去律师事务所附近的花旗银行，声称修建律师事务所的资金不够，需要贷一笔款。因为埃克森和银行经理相熟，而且借贷的金额不高，所以，很快便得到了一万美元的现金；走出花旗银行，埃克森又来到对面的摩根大通银行，将刚贷款的一万美元开了个账户存进去。之后又拜访了富国银行和汇丰银行，并且重复了先前的做法。

　　六个月后，埃克森把存款提出来，还了银行贷款。由于两笔贷款和存款的利息大体相抵，所以他等于只花了开户费用。但这样一进一出，埃克森却在这几家银行建立了初步的信誉。

　　此后，他又在多家银行实施这种做法，而且每次的数额都在增加。两年后，埃克森在银行累积了极高的信用额度。有了足够的信用额度，就能顺利取得大笔贷款。后来，埃克森得知布鲁克林区有一家濒临倒闭的公司。他当机立断，从银行借贷数百万美元，收购了这家公司。

　　埃克森买下公司后，用心经营，不到两年就将公司扭亏为盈，提前还清了贷款；五年后，他已累积了一点五亿美元的个人资产。

理财专家的理财秘笈

创业需要资金，当你资金不足时，就需要借贷。借贷并不容易，除了有抵押物外，还必须有良好的信誉。别人相信你，认为你有能力还贷，才会借钱给你，这就是信誉的力量。信誉，是经商创业必备的品德，良好的信誉会大大提高事业成功的可能性。

Lesson 19 互信与互利

Financial Experts

　　詹森在一家小餐馆当服务生，有位名叫弗雷德的老顾客，每天下班后都会到餐厅吃晚餐，而且每次都是点一份火腿乳酪煎蛋卷。慢慢地，詹森和弗雷德愈来愈熟，就变成他的专属服务生。每次弗雷德来到餐厅前，詹森就会预备好他常坐的桌子，并且为他送上火腿乳酪煎蛋卷，以及一个灿烂的微笑。

　　詹森不愿做一辈子的服务生，他最大的愿望就是开一家属于自己的餐馆。他不断奔走各家银行，希望能借到开店的资金，但总是被银行回绝。

　　这天弗雷德一样在晚上七点准时来到餐馆。他看到詹森愁眉不展，就问他今天为何没有一丝笑容。詹森将他的梦想和苦恼如实相告，当时弗雷德并没有任何表示，只是安慰了他几句。两周后，弗雷德在离开餐厅前，竟然递给詹森一张五万美元的支票，还有一张便笺，上面写着："我相信你是一个诚实的人，这笔贷款不需要任何抵押，祝福你梦想成真。"

　　詹森用这笔钱开了一家餐馆，可惜经营不善，不到一年就倒闭了。但他没有忘记弗雷德的信任，于是很快就振作起来，到处打工赚钱，三年后，他将五万美元的本金加上百分之十四的利息还给了弗雷德。虽然詹森仍未实现他的梦想，但弗雷德让他明白一个人诚信就是最宝贵的财富。

理财专家的理财秘笈

想在社会上取得成功，不能靠单打独斗；想要得到他人的信任，必须先成为一位有信用的人。建立诚信就是在替自己赚取无形的财富。

（京）新登字083号

图书在版编目（CIP）数据

理财专家的365堂理财课/潘信达著.—北京：中国青年出版社，2015.12
ISBN 978-7-5153-3944-3

Ⅰ.①理... Ⅱ.①潘... Ⅲ.①私人投资-基本知识 Ⅳ.①F830.59

中国版本图书馆CIP数据核字（2015）第263966号

简体中文版权通过凯琳国际文化版权代理引进(www.ca-link.com)

北京市版权局著作权合同登记 图字01-2015-5361

出版发行：	中国青年出版社
社　　址：	北京东四十二条21号
邮政编码：	100708
网　　址：	www.cyp.com.cn
责任编辑：	宣逸玲 xuanyiling@126.com
编辑部电话：	(010) 57350508
门市部电话：	(010) 57350370
印　　刷：	北京科信印刷有限公司
经　　销：	新华书店
开　　本：	700×1000　1/16
印　　张：	18.5
插　　页：	1
字　　数：	248千字
版　　次：	2016年1月北京第1版第1次印刷
定　　价：	36.00元

本图书如有印装质量问题，请与出版部联系调换

联系电话：(010)57350337